JN158000

ピンク色の イタドリジュースで疲れ知らず

熊本県玉名市● 小岱山《しょうだいさん》薬草の会
（代表：宮永マス子さん）

イタドリの若い茎を包丁で切り、ジューサーにかけると、最初は緑だが、次第にきれいなピンク色に変わる。そのままだと酸っぱいので、ハチミツを入れると飲みやすい。含まれているクエン酸のせいか、疲れにくくなる。

（P54 参照、黒澤義教撮影）

炊飯器でつくる

超簡単!「おかまジュース」

ブルーベリー編

埼玉県越生町●小澤章三さん・勝代さん

埼玉県越生町の小澤章三さんは、炊飯器を利用すると梅シロップが簡単にできるという『現代農業』の記事をきっかけに、さまざまなジュースを炊飯器でつくっている。名づけて「おかまジュース」。ここではブルーベリージュースのつくり方を紹介。

ハイブッシュブルーベリーの
「ブルークロック」のみのり（玉田孝人撮影）

1 炊飯器にブルーベリー1kgを入れる。「おかまジュース」には、甘くなりすぎないよう酸味の強い品種が適していると小澤さん

2 氷砂糖を400g投入する。氷砂糖は写真のようなロックタイプのものが溶けやすい

3 フタをして保温。7～8時間以上保温した方がおいしい。小澤さんは8～10時間保温している。右はできあがりの状態

できあがったジュースにはブルーベリーの粒がごろごろと入っている。ヨーグルトにまぜて食べると絶品に

小澤章三さん勝代さんご夫妻

現代農業2012年10月号

農家の ぜいたくジュース が飲める!!

濃厚ブルーベリージュース

1杯に150g以上のブルーベリー使用。生果に冷凍ブルーベリーを混ぜてミキサーにかけ、ストローが倒れないほど濃厚なジュースに仕上げている。1杯550円也。

(東京都青梅市●関塚直子さん)

夏どり・秋どりをブレンドしたトマトジュース

無添加のジュースでは味を均一化できないので、夏と秋の味の違いをそのまま活かして販売。夏どりのジュースは甘さ控えめ、サラッと飲みやすくフルーティ。秋どりは甘みが強く、濃厚な味わいにしあがる。1本（180㎖）310円也。

(愛媛県久万高原町●露口由美子さん)

ルチンたっぷり
そばの芽ジュース

「そばの芽（そばもやし）料理」も食べられるそば屋さん「木漏れ日」で出しているジュース。そばの芽には、高血圧や糖尿病の予防に役立つとされるルチンがそば粉の15倍も含まれているという。1杯260円也。
（佐賀県佐賀市●友田泰彦さん）

湯上がりに飲む
サトウキビジュース

サトウキビと冬限定のサトウキビジュース。温泉施設で風呂上がりに冷たいものを求めるお客さん相手に生搾りの実演販売が人気。1杯200円也。
（埼玉県深谷市●隈元重幸さん）

サトウキビジュースのつくり方

①原料は埼玉でも栽培できるサトウキビ。
②強力な搾り機（ヤビク農機具製）で、長さ30㎝のサトウキビから30秒で「糖蜜液」を搾る。
③搾り汁はこのままでは舌触りが気になる繊維分を含んでいるので、これをこし器とさらし布で取り去る。これが飲みやすくするコツだ。糖蜜液は甘く植物特有のさわやかな香り。風味が維持できる2月中旬まで限定販売する。

夏にさわやか 松葉サイダー

京都府丹南市（旧美山町）●岡本千鶴さん

京都府美山町の料理旅館「つるや」の名物おばさん岡本千鶴さんは、毎年梅雨明けのころに松葉サイダーを仕込む。毎年続けてかれこれ四〇年。天候によっても違うし、ビン一本一本でも味が違うという。

（かくまつとむ撮影　＊以外）

仕込み中の松葉サイダー

松葉サイダー
ひとくちふくめばぱーっと広がるさわやかな松林のような香り。ほんのり甘酸っぱく、舌にはピリッとした刺激が残る

岡本千鶴さん（＊）

2 材料は水、砂糖、松葉のみ。分量は水1.8ℓに対して白砂糖200g。鍋で水を沸騰させて砂糖を溶かし、冷ます

1 ハカマまで取らないように、必ず葉の伸びている方向にしごいて新芽から松葉をはずし、ザルの上で3～4回すすぎ洗いする。日なたには出さないようにする

4 2でつくった砂糖水を人肌に冷ましてから、静かにジョウゴで流し入れる

5 発酵するのでビンには栓を載せる程度にして、日当たりのよい縁側などに出しておく。松葉についた酵母菌でブクブク泡が出る。夕方になったら栓をかぶせ、雨の当たらない軒下などにしまって翌朝また栓を載せて日なたに出す。お天気にもよるが2～5日で味見をする

3 一升ビンに松葉を詰める

6 ほんのり酸味が出てきたら、土間や台所など日の当たらない涼しい場所に移して保存しておけば、3年くらいたっても飲める。ただし栓は軽くして、吹き出して飛び散らないようにビニール袋をかぶせておく

現代農業2005年8月号

簡単! 手づくり ジンジャーサイダー

岐阜県中津川市●岩田房子さん

「あっけないほど簡単で、おいしさにもびっくりの手づくりサイダーを楽しんでいる」という岩田房子さん。ハチミツが手に入ると夏の楽しみのひとつとしてつくっている。　（依田賢吾撮影）

1 材料はショウガとハチミツだけ。ショウガはあまり洗わず、皮つきのまま薄切りにする

2 切ったショウガを100gのハチミツに漬けるだけ

3 ショウガから水分が出て、ハチミツが薄まってくると発酵が始まる

4 2～3日して、ブクブク泡が出ればサイダーづくり成功。同量の水で薄め、氷を入れて飲む。泡が出なくても甘辛いジンジャージュースとして楽しめる

現代農業2015年8月号

はじめに

農家のドリンク・ジュース・スムージーは、いずれも素材が決め手です。もともとは青果として販売しようと生産した果実や野菜が何かの事情で出荷できなくなる。味は変わらないのに、みすみす廃棄されるのは生産者としてなんともやりきれない、もったいないという思いが、農家のドリンク・ジュース・スムージーのそもそもの出発点にはあるようです。

本書に登場する、北海道余市町の馬場農園、馬場亮《まこと》さんの場合もそうでした。二二歳の一九八一（昭和五六）年に施設園芸でトマトの栽培を始めます。桃太郎という品種に発生した萎凋病を新品種で克服した一九九六（平成八）年、「斜め誘引の長期多段取り」でのトマト栽培は活況を呈していました。四月中旬に定植して十月末まで連続一三段ほどを収穫する予定でした。ところが、真夏の八月は盆休みで、市場も三日間休みに入るため出荷が止まってしまいます。当時は一日一・五t出荷していたので、三日間では四t以上のトマトを、行き場もなく廃棄せざるを得ない。「もったいない」の一心で、農協がもっていたリンゴの加工施設に持ち込みトマトジュースにしたそうです。このときには八〇本のトマトジュースになりました。ジュースにしたものの販売先もなく、親戚や知人に配っておしまい。ところが、このトマトジュースがおいしいと大評判になります。青果でおいしいトマトをそのまま一〇〇％ジュースにしているのですから、おいしいのは当たり前かもしれません。以来、次の年には一八〇本、三年目には三〇〇本と増やしていき、今では一万本ほどになっているとのことです（くわしくは本文九二頁をご覧ください）。馬場さんは〇・一％の塩を加える以外には、何も混ぜていない。素材そのままです。だからおいしいトマトを生産する馬場さんの農業と、トマトジュースの製造は矛盾がありません。おいしいトマトをつくることはそのままおいしいトマトジュースにつながるからです。「自分がつくるものと同じ味のジュースをつくりたい」とは、ジュースを生産している農家からよく聞く言葉です。

いわゆる飲料メーカーが生産するジュースは、搾った果汁の水分を飛ばして一／五～一／六にした濃縮還元果汁に、水分や香料・酸味料を加えてつくるものです。この濃縮還元果汁の九割方は輸入だそうですが、円高傾向のなか原料高が続いているようで、生産量は減っている。一方、農家のジュースは元気です。農作物そのものを食べているような味の濃さも魅力。農家にとっては、青果を出荷する以外の時期にも、馴染みのお客さんにジュースやスムージーの形で自分の農作物を提供することができるのも魅力です。お客さんとのつながりも太くなります。さらに、被災地では農家の一〇〇％ストレートジュースが、乳幼児の食事用としてもよろこばれたという話も聞きました。たよれる安心食材でもあったということでしょう。このほかにも、本書では、農家が身の回りの野草を利用してつくる評判の健康ドリンクもたくさん収録しました。

農家が教える飲料の世界を満載してお届けします。存分に味わっていただければ幸いです

二〇一七年六月　　一般社団法人　**農山漁村文化協会**

＊本書の内容を、素材名、飲料名、健康効果、搾汁機から引くことができます。数字は本文中のページを示します。

飲料名から引く

（●は発酵系飲料）

健康への効果から引く

搾る機械から引く

「ドリンク・ジュース・スムージー百珍」読み方案内

飲料の素材から引く

目次

第4章 素材のうまさに自信あり 農家の自慢ジュース

第1章

からだにいい 健康ドリンクあれこれ

ニンジン・リンゴジュースと青汁（18p）

ドクダミ発酵エキス（38p）

アカマツとクロマツの松葉サイダー（39p）

肝硬変症も治した青汁に乾杯！

千葉県成田市●浅野九郎治

ケールの青汁（黒澤義教撮影、＊以外）

失意のどん底で出会った青汁

顧みると約五〇年前、農林省に入省、地域農業試験場に配属されて二年が経過した矢先、体調を崩し、地元の総合病院に入院した。検査の結果「肝硬変症」と診断された。主治医に相談すると、「回復の見通しは立たないが、二〇代の肝硬変症で世界でもっとも長生きした事例は五五歳であるとギネスブックにあるので希望をもちなさい」と励まされた。

失意のどん底から這い上がるため、肝臓病に関する情報、治験例を手当たり次第に読みあさるうちに、民間療法の機関誌で、ケールなどの青汁が肝臓病に有効であることを知り、ワラをも掴む思いで青汁を飲み始めた。当時はまだジューサーを持っておらず、もっぱらすり鉢、すりこぎで悪戦苦闘したことを思い出す。ケールは空き地を探して自分で栽培し、キャベツなど青野菜で補完、毎日欠かさず飲み続けた。その後小康状態を保ちつつ、徐々に体調は回復し、東京霞が関に転勤する機会に恵まれた。

青汁の効能をいち早く医療現場に取り入れたのは倉敷中央病院の遠藤仁郎博士で、その著書や臨床事例を拝見する度にこれまで青汁を選択したことは間違いではなかったと、青汁に一層のめり込むことになった。

連日「青汁スタンド」通い

当時東京では銀座や新橋に青汁スタンドが営業されており、昼食時には毎日欠かさず、霞が関から銀座まで地下鉄で通い続けたものである。銀座の青汁スタンドは、東京における青汁の草分け的存在だった。客の中には私のように難病を克服した人も多く、体験談を語り合うのはかけがえのないひと時となっている。青汁スタンドには長きにわたりお世話になり、私にとっては正に命の恩人と感謝している。

喜寿を通過、青汁で乾杯

二〇一二年二月に満七八歳の誕生日を迎え「喜寿」を難なく通過することができた。五〇年前に「君は五五歳まで長生きできるかもしれない」といっていた主治医の顔を思い起こしながら、家族と青汁で乾杯した。

毎年の健康診断でも、これといった

異常はない。遠藤博士によれば「青汁の愛用者は飲んでいない者に比べて一〇歳程度若い」そうだ。また近年、国の内外を問わず生活習慣病をはじめ、アルツハイマー病、ガンなどに野菜ジュースが有効であることが科学的に検証されるようになったことは喜ばしい限りである。

素材にこだわるうちに農家になった

青汁を自前でつくり飲み続けたいとの動機もあって、七年前から息子とともに農薬や化学肥料にまったく依存せず、微生物を活用した有機農業に取り組んでいる。作物はケール、コマツナ、ブロッコリー、ホウレンソウ、ニンジン、トマトなど。旬を活かしてジュースにも積極的に取り入れている。ケールはこれまでの恩返しを兼ねて、時折銀座のスタンドに宅配させていただいている。

健全な野菜をつくるために堆肥、ボカシは多種の植物性有機資源と好気性微生物を利用した自家製。野菜は定期的に分析を行ない、硝酸態チッソに注意を払っている。

筆者。千葉県山武市で息子と無農薬・無化学肥料で野菜を生産している（＊）

ジューサーのタイプと性能・相性

青汁、野菜ジュースに含まれるビタミン、ミネラル、酵素等を効率よく活用するためには、ジューサーの性能をよく理解し選択する必要がある。現在市販されているジューサーには電動式、手動式、高速回転式、ツインギア式低速回転、石臼式低速回転等、多種多様な製品がある。

私のささやかな体験によれば、

①高速回転よりも低速回転のジューサーが望ましい。回転が速いとそれだけ摩擦熱が発生して酸化しやすく、栄養素が破壊され、変性する。

②石臼式はニンジン、トマト、ケールなど、利用範囲は広いが、ケールなどの繊維質が多い葉物は、搾りカス

ツインギア式低速回転ジューサー

石臼式低速回転ジューサー

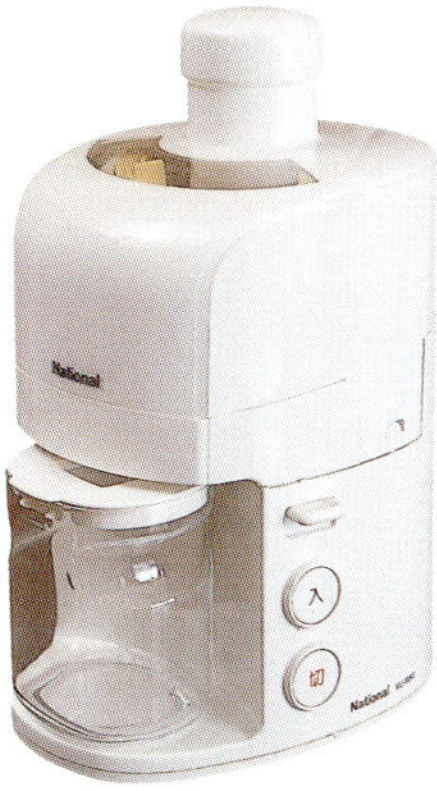

高速回転ジューサー

50〜51ページには、この3台のジューサーによる「ケール搾りくらべ」の結果を掲載

の排出口が詰まりやすく手間取ることがある。

③ケールなど葉物類は、ツインギア式を用いると、特有の苦みが軽減されて飲みやすい。しかし仕上げにガーゼ等で手搾りが必要で手間がかかる。またニンジンなど固いものはスライスしないと投入できないのも難点。

このように各々一長一短がある。私はケールなどの葉ものはツインギア式で、ニンジン、トマト、リンゴなどは石臼式と使い分けをしている。

レモン汁とオリーブオイルは青汁にもニンジンジュースにも必ず加える。レモン汁は抗酸化作用の他、ニンジンに含まれるビタミンCを壊す酵素を不活性にする効果もある

毎朝食時に二〇〇cc以上飲む

青汁やジュースは毎朝食時に二〇〇cc以上を摂取し、ケール、コマツナの青汁を飲んだ翌日には、ニンジン、リンゴ、トマトのジュースを飲むことにしている。いずれにもレモン（国産を二分の一個）とオリーブオイル（小さじ一杯）を加えて飲む。レモンは抗酸化作用のため、オリーブオイルはビタミン類を吸収しやすくするためである。

医食同源の健康づくり

わが国の年間医療費は三八兆円を超え、国家の税収規模を凌駕する勢いである。このまま推移すると国家財政はもとより、国民健康保険、医療制度も破綻しかねない。健康づくりは他人任せではなく、自らの手で実践するほかはなく、医食同源を基本に毎日の食生活に最大の関心、英知を結集させるべきである。青汁や野菜ジュースは健康づくりの原点であり、一人でも多くの方に関心をもっていただき、愛用されることを望んでやまない。

現代農業二〇一二年五月号

毎日交互に飲むニンジン・リンゴジュースと青汁

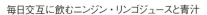

おいしく免疫力を高めるジュースレシピ

福島県福島市●境野米子

毎日欠かさず飲むニンジンジュース

膠原《こうげん》病を治した

難病の膠原病にかかり、手の一〇本の指が膨れ上がり、痛くて夜も眠れず、ボタンやチャックができない、紙をめくることも、茶わんを持つこともできなくなりました。一七年前のことです。「大阪の甲田光雄医学博士の病院で食事療法をしたい」と夫に話したら、大反対されました。「ふざけるな！ 食べもので病気が治れば、日本中の病院はつぶれている」と言うのです。「何が何でも食事で」と夫を説得しました。というのも、大腸ガンが肝臓に転移した友人の医者が食事療法（ゲルソン療法）で元気になった姿を見ていたからです。

私も食事療法の末、今ではうそのように元気です。その重要なポイントの一つがジュースでした。

ジュースは消化しやすく、胃腸の負担が少ない

野菜や果物のジュースは、ビタミンやミネラルの宝庫です。しかも非常に消化しやすく、胃腸の負担も少ないため、ガン治療で有名なゲルソン療法や甲田療法などの食事療法としても用いられ、大きな成果をあげています。有用な栄養を体の細胞の隅々まで運びこみ、代謝を活発にし、排泄を促進し、免疫力を上げることが評価されています。

たとえば、有効とされるビタミンのβ-カロテンも、錠剤で摂るとかえって肺ガンを増やすことがわかっています。ビタミンやミネラルは、サプリメントではなく、手づくりのジュースで飲むのが一番なのです。

免疫力を高め、放射能も排出する

また野菜や果物のジュースは、チェルノブイリ原発事故で被曝した子ども

たちの免疫力を高め、放射能（放射性物質）を体内から排出するためにも用いられています。

　野菜や果物には、ビタミンやミネラル、第六の栄養素といわれる食物繊維のほかに、ファイトケミカルとして注目を浴びているポリフェノール類、カロテノイド、β－グルカンなどが豊富に含まれています。これらには抗酸化性、抗ガン性、抗菌性、抗炎症性、抗ウイルス性、抗変異原性などの効果があることが報告されています。ビタミンと違って不足しても欠乏症にはなりませんが、健康を維持し、病気を予防し、病気を癒すうえで重要な働きをしています。つまり、免疫力を上げる大きな力があるのです。

　わが家では、毎朝「おいしい」と家族皆で飲んでいます。おいしくないと長続きしません。おいしくつくるコツを教えましょう。

青汁・野菜ジュース

　コマツナ、パセリなど五種類以上の野菜を入れてつくります。難病と闘った相棒なので私はそのまま飲みますが、家族は各自一〇〇％のリンゴ果汁を加えて飲みやすくしています。夫は半分以上もリンゴジュースを入れて「うまい」と飲んでいます。

　この青汁にたっぷりと含まれている葉酸は、ビタミンB群の一種ですが、胎児の中枢神経組織の発達に必要なことはよく知られています。最近では葉酸が脳梗塞の発生を減らし、心筋梗塞、認知症の予防に効果があることもわかってきました。

ニンジンジュース

　リンゴとレモンを入れるのがおいしくするコツです。甘いのがおいしいと思う人はリンゴを増やし、酸味がおいしいと思う人はレモンを増やします。リンゴやレモンがない季節は、市販の一〇〇％の果汁を使います。

青汁・野菜ジュース

材料（約300mℓ、2人分）

コマツナ、キャベツ、パセリ、ホウレンソウ、セロリなど5種類以上の野菜　100～150g／水　100～150mℓ／好みでリンゴジュースやハチミツを適宜（1歳未満にはハチミツは加えない）

つくり方

①野菜は根元を念入りに洗って泥や汚れを落とし、さらに流し水で洗い、ミキサーに入る大きさに切る。

②ミキサーに水を入れ、材料を少しずつ入れながらミキシングする。

③好みでリンゴジュースを加えて飲む。

※臭いやアクの強いもの、ネギ・山菜などは向かない。ハコベ、カキの葉、アカザ、アシタバなども少量に。エンドウマメ・サヤインゲンなどの生の豆はサポニンを含んでいて下痢などを起こすため向かない。ニンジン、キュウリはビタミンCを酸化する酵素（アスコルビナーゼ）を含み、混ぜた野菜のビタミンCを壊す。この酵素は酸に弱いので、ニンジン、キュウリを入れるときは酢やレモンを加える。

ニンジンジュース

材料（約300mℓ、2人分）

ニンジン　3～4本（約450g）／リンゴ　1/2個／レモン（またはミカン、シークワーサーなどのカンキツ類）1/2個

つくり方

①ニンジンとリンゴはしっかり洗って皮をむく。ジューサーに入る大きさに切る。

②レモンはしっかり洗って皮をむき、薄切りにしてタネを取る。

③ニンジン、リンゴ、レモンをジューサーに入れて搾る。

※レモンはポストハーベスト農薬の心配があるので国産のレモンを使う。皮は、苦味があるので、むいたほうがおいしく飲める。

フルーツジュース

材料（約300mℓ、2人分）

イチゴ　15粒／リンゴ　1/2個／ミカン　1個

つくり方

①イチゴはヘタをとり、流し水でよく洗う。

②リンゴ（ナシやモモでもよい）は、よく洗って皮をむく。ジューサーに入る大きさに切る。ミカンは皮をむいて半分に切る。

③イチゴ、リンゴ、ミカンをジューサーに入れて搾る。

フルーツジュース

誰が飲んでもおいしいジュースです。酸味が強いイチゴでも、ジュースにすると不思議に甘くなります。

現代農業二〇一二年五月号

血液をきれいにする
発芽玄米ジュース

栃木県下野市・回生眼科●山口康三

目の健康を守るには、全身を流れる血液をきれいにすることが基本です。そのためには、バランスのとれた食事が重要になります。

毎朝、発芽玄米ジュースを飲みましょう。このジュースは発芽玄米を生で使っているために栄養素が壊れない、発芽しているために吸収されやすい、という利点があります。子どもにも歯のわるい人にも飲みやすいものです。

また、発芽玄米に多く含まれるギャバには、血圧を調整したり、脳細胞に酸素を供給する働きがあり、血糖コントロールにも有効です。そして、少量でも腹もちがよく、お腹がすくこともありません。

発芽玄米ができてさえいれば、ジュースはわずか五分でつくることができます。忙しい朝でも簡単に自宅でつくることができて便利です。

農文協『ほんとうは治る防げる目の病気』より

現代農業二〇〇九年十二月号

ギャバたっぷり、生の発芽玄米でつくったジュース

材料　1人分

発芽玄米　1/4カップ／水　適量／ハチミツ　適量

つくり方

①玄米を発芽させる。

②発芽玄米を1/4カップミキサーに入れる。ひたひたになるように水を加え、5分ミキサーにかける（ミルにかけたすりゴマや、一晩水に浸けてさっと湯がいた大豆を加えてもいい）。

③コップ1杯の水を足し、さらに数秒ミキサーにかける。

④③をコップに注ぎ、ハチミツで味つけ。

甘みたっぷり
トウモロコシジュース

茨城県結城市●宮田晴美

デンプン質が少なく皮もやわらかく、甘さがしっかり出るトウモロコシ「味来」。このおいしさを素材の味や香りを損なわない低速ジューサーでいかしました。甘みたっぷりで、家に来るお客さんは、皆さん喜んでおかわりしてくれます。このジュースでつくるお菓子のなかでも卵も砂糖も使わず、トウモロコシの黄色と甘さをいかしたプリンはトウモロコシの風味がおいしいと大好評。コーンスターチで固めるので、オーブンで焼くプリンよりも手軽。

現代農業二〇一三年七月号

トウモロコシジュースのつくり方

ゆでたトウモロコシの実を包丁でそぎ取り、低速ジューサーにかける。

＊冷蔵庫で2日間保存できる。冷凍してシャーベットにしてもおいしい

トウモロコシプリンのつくり方

①トウモロコシジュース150g、コーンスターチ20g、生クリーム40g、牛乳280ccを鍋に入れ、泡立て器でよく混ぜながら中火で温める。とろみがついてきたらこげないように弱火にして、なべ底が見えるくらいに固まってきたら火を止める。

②プリン容器にカラメルソースを先に入れ、熱いうちにプリン液を流し込む。

③粗熱がとれたら冷蔵庫で冷やす。

疲れない、一〇〇%快便！真っ赤なビーツのスムージー

北海道帯広市●中村良子

夫と私。十勝平野で約27haの畑作経営

これほどの快便があったのか！

ビーツはボルシチ（スープ）やゆでてつくるサラダがポピュラーな利用方法ですが、生のビーツを使ってつくるスムージーがとても簡単で、料理教室で紹介すると多くの人が気に入ってくれます。家で繰り返しつくるためにビーツを箱買いする人も少なくありません。

ビーツは、カリウム、葉酸、食物繊維などに富み、高血圧の改善、貧血の予防、便秘の改善などの効果があるとされ、ヨーロッパでは「飲む輸血」といわれるほどの健康野菜です。

私は、もともと自分は便秘とは思っていませんでしたが、ビーツのスムージーを飲むと、これほどの快便があったのか、と驚きました。まさに、一〇〇%の快便です。お通じがよくなると、腸に負担がかからなくなるので体調もよくなります。以前は真っ赤な色に抵抗を感じて飲もうとしなかった家族の全員が毎日飲むようになりました。便秘で苦しんでいる人に紹介すると、「出たよ！」と笑顔で報告してくれます。

ビーツは古代ローマ時代に便秘の治療薬だったというだけあって、確かに効果を実感できます。便が赤くなってビックリする方がいらっしゃいますが、これは心配いりません。

野菜として食べる赤いビーツ

私は札幌の非農家の家庭に育ちましたが、自宅近くに農業の専門学校があり、子どものころその農場の中を歩くのが大好きで、いつか農場で暮らしたいと憧れるようになりました。夢は叶うといいますが、私の通っているキリスト教会で当時大学生だった農業後継者（夫）と出会い、彼の出身地である

収穫したビーツ。アカザ科の野菜で茎も赤い。砂糖原料のビートの変種

帯広に嫁いできました。

中村農場は長年、小麦、ジャガイモ、ビート（砂糖大根）、マメを生産する畑作専業農家です。結婚当初、ビートは畑にタネを直接まいて育てていました。来る日も来る日もビート畑で間引きや草取りに苦労して過ごしていました。

そんなある日、札幌に住む義理の姉と園芸店に行く機会があり、タネのコーナーで彼女は「ビーツ」のタネを手に取って、楽しげにその野菜について教えてくれました。それが私とビーツの最初の出会いです。

ビートには、私たちが栽培している砂糖原料の白いビートと、野菜として食べる赤いビーツがあることを知り、興味をもちました。ただ、馴染みがなかったので、すぐに育ててみようとは思わなかったのですが…。

血液のような真っ赤な汁

その後、四人の子どもの出産、育児のため長い間農作業から離れていましたが、下の子が保育所に行くようになってから畑仕事に復帰しました。その時ビートの栽培方法は大きく変化していました。まだ雪のある三月から、ビニールハウスの中でペーパーポットを使って大量の苗を育て、それを五月上旬に移植機で広い畑に移植するというものでした。

この画期的な技術にとても感心し、野菜として食べるビーツの栽培もこれを使うことができたらおもしろいと思いました。同じビートの仲間だからきっとできると思い、ペーパーポット一冊分（一四〇〇穴）からやってみました。予想通り、育苗から移植までスムーズにできました。

その年の収穫時、初めて本物のビーツを見ました。まず皮つきでゆでてまな板の上に置き、皮をむいたり切ったりしてみると、不思議な驚きがありました。血液のような真っ赤な汁が滴り、手も包丁も赤く染まるのです。相当に濃い栄養をもっているものに違いないと確信しました。

スムージーが大人気

ただ、日本ではまだ知名度の低い野菜で、買ってくれる人はあまりいませんでした。この辺りは砂糖原料のビートの大産地であるため、ビーツもそれと同じように料理に使うと、土臭くて食べられないだろうという先入観をもっている人もいました。

しかし私は大学で美術を専攻していたこともあり、赤い絵の具の塊のようなビーツがとても興味深く、その利用方法を研究することがワクワクする楽しいことに感じられました。

また、次女が赤ちゃんのころにアト

ビーツのスムージーのつくり方

皮をむいて切ったビーツ、リンゴ（他にお好みでバナナ、キャベツ、コマツナなど）をミキサーに入れ、これらの材料の高さの３分の１くらいまで水を入れ、ミキサーを回す。
生のビーツは硬いので少し長めに回し、十分なめらかになったらできあがり。１人分のスムージーに入れるビーツは 80 ～ 100g。
なるべくは朝、空腹の状態で飲むのがおすすめ。

＊中村さんのビーツの料理レシピについてはホームページ「ビーツの部屋」（http://redbeet.web.fc2.com/）をご参照ください。

ピーだったため、食べ物と健康との関係について学ぶ機会が多くあり、健康野菜であるビーツを日本中に広げていきたいという夢をもつようになりました。地元のイベントでビーツ料理の試食や直売をしたり、ビーツのピクルスを加工販売したり、ビーツを使った料理講習会を開いたりして、PRに努めてきました。

栽培面積を一気に一〇倍に

わが家の場合、夏には家庭菜園から新鮮なキャベツの外葉、パセリ、セロリなども少しずつとってきて、ビーツのスムージーに入れます。

昨年はビーツの栽培を始めて九年目でした。その前年、ドイツとオランダにビーツをテーマとした視察に出かけ新たな目標ができたこともあって、それまで一〇aほどだったビーツ畑を一〇倍の一haまで増やしました。

非常にハードな農作業の毎日でしたが、暑い夏もダウンすることなく、やり続けることができました。じつは五〇歳の今、三〇代のころより体調がいいと感じていて、これはビーツのスムージーのおかげだと思っています。

現代農業二〇一五年八月号

免疫力アップ、血糖値も下がる！

未熟果実入り リンゴジュース

青森県弘前市・元弘前大学●城田安幸

リンゴの未熟果実は摘果されて捨てられる

摘果リンゴはポリフェノールの宝庫

弘前大学の応用昆虫学教室の助手として採用され、今年で三二年になります。昆虫の目玉模様の進化の研究から、鳥たちが大きな目玉模様に驚くことを発見し、「防鳥器具」としての目玉風船を開発。以前、『現代農業』でも紹介していただきました。

無農薬リンゴ園での害虫管理の研究でリンゴ園に行くたびに気になっていたのが、摘果されて捨てられる未熟リンゴたちです。「もったいないな。この未熟リンゴにはポリフェノールがいっぱい入っているのに…」。未熟リンゴの中には、成熟果実に比べ、五～一〇倍のポリフェノールが含まれることが、以前から知られていました。

成熟果実のジュース二五％加える

津軽のリンゴ農家の方から、「昔は未熟リンゴを漬物にしたり、そのままでも食べたりしたものだ」と言われてかじってみると、酸っぱくて渋くて食べられたものではありません。

そこで、成熟果実の甘いジュースに未熟果実（八月までに収穫した無農薬果実）ジュースを二五％加えると、とても飲みやすくおいしいものになりました。ポリフェノールをたくさん含んだ、「甘さ控えめのジュース」の完成です。

ナチュラルキラー細胞が一〇％以上活性化する

このジュースを毎日コップ一杯、五週間続けて飲むことで、ヒトのガン細胞を最初に攻撃するナチュラルキラー細胞が一〇％以上活性化されることが、三〇人以上のヒトを対象にした研究から明らかになりました（「免疫賦活剤」としての特許を取得）。

さらにこのジュースで血糖値が下がることも判明しました。免疫力が高まるかどうかを調べていたヒトたちの血糖値が、五週間で約一〇（mg／dℓ）下

未熟果実を25％含んだリンゴジュース「医果同源」と筆者
（医果同源りんご機能研究所　Tel.090-5185-4682）

がったのです。

今後、このジュースを一万人規模の人に毎日一本飲んでいただき、一〇年間病気の記録をとり、飲んでいない人々と比較する計画をもっています。

現在、日本では毎年五二万人もの人がガンと診断されます。さらに、三十数万人もの人がガンで亡くなります。未熟リンゴを含んだリンゴジュースでガンを予防する方法を確立する課題は、私たちが果たさなければならない急務だと思います。

これと併せて、機能性食品や化粧品から医薬品に至るまで、世界有数の企業が集う青森（また長野や日本）にすることを、小さなリンゴの大きな力で実現したいと心から願う毎日です。

現代農業二〇〇八年七月号

果肉には、大量のビタミンC、糖尿病にいい植物インスリン。ワタに近い果肉の内側には苦味成分「モモルディシン」、食欲を増すなどの健胃作用、鎮静作用がある。夏バテのお助け野菜（小倉かよ撮影）

おいしく夏バテ予防

ニガウリジュース

福島県福島市●紺頼《こんらい》純子

ニガウリ（ゴーヤー）の試食販売をしたとき、初めての方になんとかニガウリを口に入れてもらおうと、生産組合のみんなで考えました。これならニガウリが苦手な人でも大丈夫です。

私自身、暑い夏の朝などによく飲みます。つくり置きができるのもいい点で、たくさんつくったときは凍らせておきます。解凍して飲んでもよし、半解凍でシャーベットのようにしてもよし、そのまま食べてもいい。夏バテを防げる気がしますし、便秘にもなりません。

また、樹で完熟した黄色いニガウリでつくってもおいしく飲めます。甘く、マンゴージュースのようです。

現代農業二〇〇九年八月号

ニガウリジュースのつくり方

中のワタをとり薄切りにしたニガウリ 1/3 本分、バナナ 1 本、牛乳 300ccをミキサーに 3 分くらいかける。

からだにいい！　私の自慢ジュース

台湾では漢方薬・山薬（サンヤオ）

ナガイモジュース

北海道帯広市・
JA帯広かわにし●常田　馨

材料（4人分）

ナガイモ　300g／牛乳　400cc
砂糖　大さじ4／氷　適宜

つくり方

①ナガイモは皮をむき、適当な大きさに切る。
②材料を入れて、ミキサーにかけたらできあがり。

＊お好みで、砂糖の量を調節したり、ジャムやレモン汁を入れたりしてもよい。

「ナガイモをジュースにするなんて…」と驚かれるかもしれません。しかしナガイモはクセがなく、どんな調理法にも合うという特徴があり、なかでもこのジュースはおすすめ。ミルクセーキのような味で、ゴクゴク飲めます。

じつはこれ、台湾のメニューです。台湾ではナガイモは漢方薬に位置づけられています。名称も、「山薬（サンヤオ）」と呼ばれ、まさに薬膳食としてジュースやスープの具材に使われ、庶民に親しまれています。そんなわけで、私どものJAでは十数年前から、薬膳ブームの続く台湾へナガイモ輸出を手がけております。

クセがまったくないので、言われなければナガイモとはわからない
（小倉かよ　調理・撮影）

便秘解消に

ヤーコンジュース

千葉県鴨川市●佐《さ》生《しょう》眞理

材料

（大きなマグカップ1杯分）

ヤーコン　150g
飲むヨーグルト 200cc

つくり方

①ヤーコンは皮をむいて小さく切る。
②ヤーコンと、飲むヨーグルトをミキサーにかける。

十数年ほど前、便秘ぎみでしたので、何かよいものがないかと探していたところ、ある健康雑誌でヤーコンのことを知りました。たしかにヤーコンは便秘にいいと思います。

ヤーコンジュースはつくったらすぐに飲みます。時間がたつと変色してしまいますが、味には変わりありません。変色を防ぐにはカンキツ類を少し加えるといいです。

ジューサーでつくるとサラッと飲めますが、搾りカスを捨てるのがもったいないので、わが家はミキサーでつくります。ミキサーでも、右記の分量だとわりとサラッと飲めます。ヨーグルトに替えて牛乳や野菜ジュースなどを入れるとジュースらしくなります。ジュースは毎日手軽に続けられるのでいいと思います。

ミキサーでもサラッと飲めるヤーコンジュース。サクサクとした食感で飲みやすい。食べるジュースという感じでおなかがいっぱいになる

リンゴニンジン、青汁豆乳ジュース

通じよし、体調もよし

長野県長野市●小山 功

材料（1回4杯分）

リンゴ　1個／ニンジン　1/3個／青汁　キューサイの90g入り2袋／豆乳　350cc／自家製青梅酵素　30cc／ヒアルロン酸、コラーゲン　それぞれ小さじ1杯半

つくり方

①リンゴは2つ割りにし、芯を取って、皮つきのまま1cm幅くらいに切る。

②ミキサーに、すべての材料を入れ、攪拌する。

・青汁の問い合わせはキューサイ㈱ TEL092-724-0179まで。

リンゴとニンジンと青汁のジュースが身体によいということを本で知った。より飲みやすくするため、豆乳などを入れるようになった。

私と妻、娘、孫の四人で朝食後に二五〇ccずつ飲んでいる。自家製の青梅酵素も入っているので結構甘い。青梅酵素とは、青梅に釘か千枚通しなどで五～六カ所に穴をあけ、白砂糖を加え、五～六日間毎日素手でかき混ぜたもの。梅から汁がでてくるので、布でこして使う。

朝、このジュースを飲むと便意をもよおし、通じがよくなる。体調もよいように思う。

現代農業二〇一二年五月号

からだにいいものがいっぱい入った、ぜいたく健康ジュース

夏バテ防止に
シソジュース
おいしくつくるコツ、教えます

長野県飯田市・
小池手造り農産加工所●小池芳子さん

材料

赤シソの葉　300g（茎も入ってよい）／水　1.8～2ℓ／クエン酸　25～30g／砂糖　800～1000g

※クエン酸は薬局や自然食品店で取り寄せを。
ない場合は食酢50ccで代用可

つくり方

①洗って水を切ったシソを沸かしたお湯の中に入れ、赤シソの色が抜けて青くなるまで煮出す（30分以上）。

②クエン酸と砂糖を入れる。アクが浮いてくるので何回もすくい取る。

③布などでこしながらビン詰めして保存。飲む際は4～5倍に薄めて飲む。

コツ1　シソジュースの色は シソの収穫期で決まる

原料のシソは夏の晴れた日になるべく軟らかいうちにとったものを使うといいよ。穂が出たり、秋になってからのシソではきれいな色が出ないし、葉裏につく虫も多いからね。同じ株で長い期間、軟らかい新葉を出させるには、まめに枝を切り返すといいよ。

昔から「雨降りの日のシソは色が出ない」というぐらいだから、晴れた日に採るようにね。

それと、なるべく日中に採る。シソの葉の成分って夕方から夜は根に戻っちゃうから昼間のほうが葉の養分が多いような気がするからね。葉だけ摘んで茎を捨てる人がいるけど、茎にもかなり成分があるから入れてもいいよ。

コツ2　シソを三回程度に 分けて入れ、濃く煮出す

水からシソを煮るとアクが出るし、カサが減るのが遅いので、煮立ててから入れるといいよ。

そして、煮出すときは、シソの量を三等分して、三分の一のシソを煮出したら取り出して、次の三分の一を入れて…と分けて入れたほうが、お湯の量が少なくてすむし、濃いジュースがとれる。そこを一度に煮出すとシソの量が多くなってお湯の量も多くなる。そうなると、シソの成分も薄くなるので、ジュースが発酵しやすく、保存性が落ちるんだ。

煮出す時間は長く、赤シソの色が抜けるまで三〇～四〇分かけて、グラグラと煮たほうが、より成分が出るよ。

クエン酸は最初から入れてしまう人もいるけど、なんていうのかな、クエン酸がシソに吸着して、本来、シソから出る成分が少なくなるような気がするので、私は最後に入れている。

クエン酸がない場合はふつうの食酢でもいいけど、食酢の成分・酢酸よりもクエン酸のほうが、シソの成分（アントシアニン）とよく反応するから、仕上がりの色がきれいだよ。

最後に砂糖を入れるとアクが出てくるので、必ずとるように。丁寧にとれば貯蔵中、ビンの底に沈むオリが少なくなる。

ビン詰めは熱いうちにやったほうが雑菌も入りにくいよ。

現代農業二〇〇六年八月号

元気の秘訣は ゴーヤーのスムージー

鹿児島県南さつま市●川本イク子さん（談）

ゴーヤーのスムージーは毎日飲んでいるわ。おいしいわよ、ちょっと苦いけどそこがいいの。みんなに元気ねって言われるから、秘訣はこれって言っているの。

ゴーヤーって、夏はとっても安いけど、冬だとびっくりするほど高いでしょ。だから夏のうちに、ご近所さんからもらったり、スーパーで安く買ったりした大量のゴーヤーを、そのままミキサーにかけられるように切って冷凍しておくの。そうすれば、年中飲めるでしょ。

この前、同級生の一人がガンで亡くなったの。その彼女がね、三年半前にガンがわかった時に、「あと半年もてばいい」って言われたのに、その後三年間生きたの。その彼女も、ゴーヤーの入った野菜ジュースを毎日欠かさず飲んでいたのよ。

現代農業二〇一五年八月号

材料（2杯分）

ゴーヤー（中）　1/8本／バナナ 1/3本／リンゴ　1/2個／ハチミツ 小さじ1／水　1カップ／季節の野菜、果物　好みで

つくり方

①ゴーヤーは半分に割って、中のタネとワタを取る。
②リンゴは2つ切りにして芯を取る。
③ミキサーに、すべての材料を入れ、攪拌する。

便秘解消に ゴボウジュース

長野県松本市●御子柴《みこしば》長寿さん

松本市の御子柴長寿さんから教えてもらった、健康にいいゴボウジュースのつくり方を紹介します。

まずはフードプロセッサーですりつぶしたゴボウを卵パックに注ぎ込み、冷凍庫で凍らせておきます。そして毎日一個ずつ取り出して、お湯を半分入れたコップの中でよく混ぜ合わせれば完成です。毎日一杯のゴボウジュースのおかげで御子柴さんは八〇歳を超えても元気で風邪一つ引きません。とくにゴボウは繊維が多いからか、ゴボウジュースを飲むようになってからは、便秘をしなくなったそうです。

皆さんもゴボウで長生き健康生活を送ってみませんか？

現代農業二〇〇九年八月号

ヨモギ、スギナ、タンポポ、ドクダミ…

健康が後からついてくる 野草酵素シロップ

愛知県小牧市●鈴木健二

酵素シロップでつくったジュース

身近なものからエキスをいただく

一〇年ほど前に『現代農業』と出会い、発酵というもののおもしろさに惹かれてしまいました。以来、身近にあるものを片っ端からビンや桶に仕込んでは、エキスをいただく日々を送っています。

最近は、「これらのことは全部ひっくるめて『パン』というものにまとめてしまえそうだ」と気づいて、ボランティアの方々や奇特な友人たちに支えられながら、パン屋っぽい営みに落ち着いてきました（ソラミミFARMを経営）。

そんな、とっちらかった経緯の発酵ライフのなかで、パンと並んでここ数年つくり続けているのが「酵素シロップ」です。自分で飲んだり、パンづくりに使ったりする用です。

春はソワソワしっぱなし

おいらが一年のうちで一番大事に仕込む「春の野草いろいろ」のことから書きます。

三月下旬～四月下旬、若い草や木の芽を採りに出かける頃は、もうソワソワしっぱなしです。フキノトウ、ヨモギ、スギナ、ハコベ、タンポポ、ミント、タラの芽、クコの芽、ナズナ、カラシナ、コマツナ、パセリ、アザミ、ツクシ、月桂樹、ローズマリー、それぞれ摘む時には「待ってたヨン」と言われているような気さえします。二〇cmくらい伸びていたら、「ポキッ」と気持ちよく折れる先っちょの五cmくらいを摘むようにしています。

ほかにもイタドリ、セージ、アカザ、ササ、サクラの葉、クワの葉、アケビの若芽、イチョウの葉、ドクダミなど、『現代農業』の食べられる草木の知恵をかき集めて野山へ走って行きます。酸味や苦みやエグ味の強いものが意外とおいしく変身します。山野草など、食用にする時にアク抜きを必要とするものもそのまま使用。

野草は、なるべく新鮮なうちにかるく水ですすいだり、傷んだところや汚れたところを取り除いて使いますが、表面に共生している菌さんたちが発酵のスターターになってくれるわけですから、しつこく洗いすぎたり、洗剤を使ったりはしません。

一日に仕込む分量は、午前中に摘めるくらいにしています。行き当たりばったり、目のあった相手（野草）から次々といただいて全部一緒にします

自家製「酵素シロップ」を使った巨大なパンを持つ筆者

（仕込み方は35ページ参照）。指先が深緑色に草木染めされてしまうのがうれしいです。

一年待つと、まろやか極上「酵素シロップ」

味見は仕込んだ直後から、いつでもいいです。時々は味見をしながらビンの中を手でかき混ぜると楽しいです。妙な生き物と不思議なコミュニケーションをしてる実感も湧いてきます。かき混ぜたあとの甘い手をペロンとする時がとても悦です。

仕込んで半年以降、まろやかさが出てきたシロップにレモンをキュッと搾って、ナチュラル炭酸水または六〇℃以下のぬるま湯で四、五倍に割ったりすると、おいしくてグビグビ飲んでしまいます。毎日飲んでみたいですが、味見程度にしておいた

8ℓのビンで仕込んでいるところ。「野草」と「松葉＋アケビのタネ」は酵母液（酵素シロップを搾った残りに水を加えて発酵させたもの）。それ以外は酵素シロップ（「ミックス」とはここ数年間の酵素シロップを継ぎ足したもの）

ほうがよいです。なぜなら、一年待つともっとまろやかになり、滋味が増すからです。本当は三年待つといいです。甘露（？）のようになります。

このように一度にいろいろ混ぜ合わせて仕込むのも楽しいですし、単品で仕込んでおいてそのまま味わったり、継ぎ足して仕込んでいったり、シロップにしてからブレンドしてみても楽しいです。

健康は後からついてくるもの

酵素シロップは、水やぬるま湯や炭酸水で割って飲むほか、かき氷のシロップやコーヒー、紅茶、番茶に入れる甘みとしても使いますし、料理の際にみりんと置き換えたり（たとえば、だし汁に醤油と酵素シロップを入れて麺つゆにしたり）もします。サラダのドレッシングに入れることもあれば、味噌を仕込む時にちょっとだけ加えることもあります。野草でつくった酵素シロップは、何度か虫さされの後につけてみたことがあり、かゆみや痛みが長引きませんでした。パンの生地にも入れます（パイナップルやキウイを使った酵素シロップだと、生地が溶けてしまうので注意）。

このように酵素シロップを使い続けていると、確かに体の調子がいいような気もしますし、健康にいいからつくってみたいという話もよく聞くようになりました。ですが、そのためにつくるというのは何となく不健全な気がするんです。健康はあくまで後からついてくるという感じかな？　目的として「健康」を掲げてしまうと、目の前の「不思議」が消えてしまうと同時に「得体の知れない幸福感」も消えてしまうからです。それでは無惨です。

搾り粕の再発酵で「野草の酵母液」

さて、シロップをこしたあとのザルに残った固形物、その季節にまたシロップを仕込むならそこへ混ぜ込んでもよいですが（スターターになる）、そうでなければ、ビンに戻して一・五倍くらいの重量の水を足し、暖かいところに置いておくとプクプクと発酵してきます。放っておくと、お酒というかワインというか、それらしいものができてしまいます。加える水の量を加減することで、甘口、辛口の熟成酵母飲料になります。搾るタイミングは、アワアワプクプクの酵母発酵がおとなしくなって一週間くらい（適当）です。これは「野草の酵母液」と呼んでいます。

春の野草でつくったそれは格別の風味があり、常温で半年以上置いてもほとんど変質しませんでした。発酵のスターターにもなりますし、パン種にも使えます。料理酒の代わりや、玄米を炊く時に大さじ一、二杯入れると、ふっくらするような気がします。あと、

摘んできた野草、スギナ、タンポポ、ドクダミ、ヨモギなど。
これを酵素シロップの仕込みに使う

発芽玄米をつくる時に大さじ一、二杯入れると嫌なにおいが出にくいです。

　風呂や洗濯の時にもコップ半分くらい入れたりします。EMやえひめAIの使い方に似ています。

同じ野草で一〇回以上搾る

そして、この酵母液はまったく同じ種（こしてザルに残った固形物）から二回三回四回と仕込み直しができてしまうのです！　あきれますよね……。二回目以降は固形物の重量にはあまり関係なく、ビンの七分目くらいまで甘い水（割合は水八・五、粗糖一・五くらい）を入れて発酵を待ちます。この時の固形物は、もうそんなに甘くないので、甘い水を加えてあげるわけです。

そして、プクプクシュワシュワとビンの中が賑やかになり、またおとなしくなってしばらくしたら、搾ってこす。以降繰り返し。去年の春の野草は、もう一〇回以上、酵母液を搾りましたが、まだよい香りがしています。

現代農業二〇一二年五月号

春の野草で「酵素シロップ」をつくる手順

1 摘んできた野草は10分くらい水に浸け、その後、すすいでザルにあげておく

2 野草をボウルに移し、発酵スターター（酵母菌と乳酸菌）を入れる

8ℓのビンで仕込む場合、酵母菌は、パン用に自家培養したものならコップ3分の1、市販品なら2.5gくらい。乳酸菌（乳酸菌サプリメント、ヨーグルト、ヨーグルトのタネ菌、植物性乳酸菌飲料のいずれか）は、タネ菌なら3～6g、飲料製品ならコップ3分の1。なければ入れなくてもいいし、酒粕でもいい

3 砂糖を入れて、しばらく揉みこみ、野草からジワッと水分がにじみ出てきたら、保存ビン（果実酒用ビン）や桶に移す

砂糖は、野草と発酵スターターを足した重さと同量。ビンに移した後も、砂糖がよく溶けるよう1週間ほどは揉んだりかき混ぜたりを繰り返す

4 そのまま常温で保存して、熟成

炭酸ガスを抜きつつ、ショウジョウバエの侵入を防ぐため、保存ビンの中ブタ（半透明のプラスチック）の注ぎ口は開けておき、外ブタは軽くキュッと閉めておく。発酵が落ち着いたら、中ブタの注ぎ口も閉める

5 半年から1年経ったら、保存ビンの中身をザルにあけ、手でギュッと搾りながらこす

こした液体は、一升ビンに移し替えるか、ほかのシロップと合わせて保存ビンにまとめる

骨粗しょう症、冷え性、疲れに

ヨモギジュース

佐賀県唐津市●吉田勝次

2012年農文協読者のつどい「薬草講座」でドクダミを搾る筆者（左端）

材料とつくり方

ヨモギ　茎ごと４本くらい／バナナ 2/3 本／牛乳コップ２杯分ほど／クズの花粉　中さじ１杯／ハチミツ・オクラ・ピーマン・トマト・カボチャ　少量ずつ

これらを少しずつジューサーにかけるとできあがり（夫婦２人分）。クズの花粉や野菜はお好みで

佐賀県でイチゴを栽培しています。

五年前の五月、イチゴの調子が悪くて収穫を早めに打ち切り、遊びがてら熊本まで「薬草講座」（農文協読者のつどい）を聞きに行ったのが、村上光太郎先生との運命の出会いでした。以来、薬草でジュースや酒をつくって飲むようになりました。

村上先生によると、ヨモギはカルシウムが豊富だから骨粗しょう症に抜群の効果があるそうです。妻の骨粗しょう症を改善できたらいいなと思いました。私も歯のインプラント手術をしたばかりで、骨との結合を早めるためにも骨密度を高めるのにもよさそうでした。

でもヨモギは湯がいてアクを抜いたらダメで、生で食べるのがいちばんとのこと。そこでヨモギをパラパラと味噌汁に入れて飲んでみたのですが、妻がその香りを嫌がるのです。何か香りを消す方法がないか試行錯誤した末、バナナを入れてジュースにしたところ、おいしく飲めるようになりました。味にうるさい妻もおいしいと言って飲んでくれています。つくらないと催促されるほどです。

ヨモギはハウスの中でプランター栽培し、ほぼ毎日二年間飲み続けています。血行がよくなるのか冷え性の妻の手がポカポカになり、私は「骨密度が上がった」と病院でいわれました。朝飲むと一日がとてもすがすがしく、疲れません。

現代農業二〇一三年五月号

私のヨモギジュース（右）。上から見ると（左の写真）ヨモギの粒が少し見える

左はヨモギジュースの材料。右は材料を入れた半透明のカップを押すだけのジューサー（マジックブレットデラックス）

夏を元気に過ごす
ヨモギ・スギナドリンク
愛媛県東温市●坂口ゆかり

つくり方

ヨモギ（5～8本）、スギナ（20～30本）をきれいに洗い、3～4㎝に切り、ミキサーに入れ、ひたひたの水でよく攪拌。ドロドロになったものをザルでこし、ミキサーに戻し、レモン（1/4～1/2個）、ハチミツ（大さじ2）、塩（ひとつまみ）を加えて、混ぜてできあがり。

※ヨモギは先端7～8㎝、スギナは先端12㎝ぐらいを使う

（小倉隆人撮影）

　主人がヨモギ・スギナドリンクをつくってくれというので、はじめヨモギもスギナもこさずに、そのまま「食物繊維もとれるか」と思って出すと、「飲みにくい」とのクレーム。自分でも飲んでみると、なるほど、おっしゃる通り。今度はこしてみたところ、「おお、だいぶんええぞ！」。夏場は汗をかくので、「スポーツドリンクのように塩も入れてみ」と主人。「えー、めんどくさい」と思っていると「これはええぞー、疲れがとれるわい！」。そうか、じゃあ仕方ない、「これ飲ませて、いっぱい働いてもらお」と思いました。

　でも毎日毎日つくるのはやっぱり面倒。「まっ、いいか」と多めにつくり、ペットボトルに入れて冷蔵庫へ。次の日、「おっ、これもまろやかになってうまいぞ」と主人。しめしめ、これで二～三回分まとめてつくってやろうと、ニヤッ。

　ペットボトルに入れた場合は、よーくふってから飲むといいようです。私もファンになりました。おかげで昨年の夏、元気に過ごせました。

現代農業二〇〇九年七月号

膝・腰の痛みに
アロエジュース
埼玉県毛呂山町●吉澤ハマさん

　埼玉県毛呂山町の吉澤ハマさんは膝の痛みでずっと悩んでいました。三年前、夜眠れないほど膝が痛くなった日のこと。その日に限って病院が休みでした。そこで軟骨になりそうなものを想像し、アロエベラの葉を、トゲを抜いて皮をむきジュースにして飲んだそうです。すると次の日は、いつもならとくに痛むはずの雨の日でしたが痛くない。「ひょっとしてアロエのおかげかなあ」と思っているうちに病院に行かずに治ってしまいました。旦那さんの平太さんは腰の痛みで悩んでいたので、リンゴ、ニンジンと一緒にアロエをミキサーにかけて毎朝飲み続けたら、こちらも一週間で治ったそうです。

　アロエは五㎝角のものを朝晩、ジュースにするか、生のままでも食べやすいそうです。便秘にも効果があるようですが、食べ過ぎると下痢になるので要注意。ハマさんは毎日、トゲだけ抜いたアロエに皮ごとかぶりついているそうです。

現代農業二〇一〇年十月号

肝機能改善、元気ハツラツ！

ドクダミ発酵エキス

静岡県浜松市●野末千鶴子

材料とつくり方

ドクダミをジューサーにかけ、搾り汁の1/5～1/6のハチミツを入れ、ドライイーストを表面に振りかけ、布でフタをして、2～3カ月置いて完成。筆者は春に1年分つくり（ドクダミ搾り汁4升分）、毎朝野菜ジュースに混ぜて飲む。2人分だと、ジャガイモ1個、ニンジン1/2個を搾り、ドクダミ発酵エキス20㎖、植物エキス発酵飲料20㎖、市販の野菜ジュース20㎖、黒酢10㎖を加える。

ドクダミから汁を搾るには

ドクダミはつぼみがまだ小さい、またはついていない5～6月ころまでは、普通のジューサーでラクに搾れる。開花すると急激に体内の水分を失うので、搾りにくくなるが、低速回転ジューサーなら、なんとか搾れる。(p42参照)

主人がC型肝炎に

私たちは、三六〇度緑に囲まれた空気のきれいな田舎で、主人は農業一本、私も主人の手伝いや自分の好きなことをして楽しんでいます。

若いころの私はパートの休みの日だけの農業でした。ところが両親も歳をとり、百姓仕事がきつくなったので、パートをやめ、農業を手伝うようになりました。

主人が会社の健康診断でC型肝炎だとわかりました。数値はGOT八九、GPT九五、γ-GTP二一六でした。正常値に比べ、かなり高い。「治療が必要」といわれました。主人が五五歳、平成四年です。

若いころより今のほうが元気

ジャガイモとニンジンを入れた野菜ジュースが体にいいと雑誌で知り、毎朝食前に飲むようにしたが、そのままではとても飲めません。植物エキス発酵飲料（大高酵素）を入れたところ、とてもおいしく飲めるようになりました。

当時はジャガイモとニンジンを搾り、植物エキス発酵飲料、黒酢、市販の野菜ジュースを入れて飲んでいましたが、『現代農業』にドクダミ発酵エキスで体力がつくとあったので、さっそくジュースに足しました。私も主人に元気になってほしいので、毎朝このジュースをつくり続けました。

すると、主人の肝機能数値はGOT三二、GPT二四、γ-GTP四八。昨年八月の健康診断で数値が下がっていました。また、昨年はミニシャベルを購入して、畑に軽トラックが入る道をつくったり、田んぼも直したり、元気に働いております。六〇歳のころより今のほうが元気ハツラツ。

私も一緒に飲んでいたら、貧血もなくなり、風邪もひかなくなりました。

現代農業二〇一二年五月号

（小倉隆人撮影）

私の栄養剤は 松葉や野草の自家製ドリンク

高知県四万十市●川村保夫さん

アカマツとクロマツの松葉サイダー（依田賢吾撮影）

畑のものは何でもいただく

四方を山に囲まれた、ここは高知県四万十市。清流・四万十川に流れ込む小さな支流沿いで、川村保夫さんは色とりどりの野菜や果物をつくっている。すべて自家用。わずかな面積に、数百種類の作物がキチッと並んで植わっている。

「畑が冷蔵庫代わり。何でも食べて元気になるんです」

お米にタバコ、天然香料に使う芳樟《ほうしょう》の樹の栽培、養蚕や山師といろんな仕事を経験した保夫さん。六〇歳で仕事を辞めようと思った時に、やることがなくて手持ち無沙汰になるのが嫌で始めたのが自給自足の生活だった。準備期間を含めて三〇年間、減反で草ボウボウになっていた家の前の土地を「地道にコツコツ」畑に蘇らせてきた。

「自慢の畑に無駄なものはいっさいない」と笑う保夫さん。野菜や果物だけでなく畑に生えるものはなんでも利用する。せん定したマツの新芽を発酵させて松葉サイダーをつくったり、ヨモギやタンポポ、ドクダミ、スギナなどの野草もミキサーにかけて特製ジュースにしていただいてしまう。しかも保夫さんは、とったものは捨てない主義でもある。とりすぎたドクダミやヨモギは乾燥させて蓄えて、お茶にして飲んでいる。

自家製ドリンクで医者いらず

畑のものはすべて自家用、のはずなのだが、七aに数十種類つくるブドウにはファンが多い。まったく宣伝していないのに、そのおいしさが口コミで広がり、近所からも遠方からも、「ブドウを分けて〜」と、お客さんがやってくる。その数なんと年間二五〇人！ お代をもらうのは忍びないと保夫さんは思うものの、今では一kg五〇〇円で勝手にブドウ狩りを楽しんでもらうようにした。

とり残された不恰好のブドウも無駄にしない。皮ごとミキサーにかけて冷やして飲むと、夏の暑さも吹き飛ぶほどのおいしさなのだ。

「自家製ドリンクは私の栄養剤。調子が悪いなーって時に畑のもんをとってきてはジュースやお茶にして飲んで体のバランスを整えるんです」

その甲斐あって、保夫さんは七五歳になった今でも病気ひとつせずに健康。春から夏の畑では、自家製ドリンクの材料がわんさかとれる。暑い夏が来てもへっちゃらだ。

現代農業二〇一五年八月号

保夫さんと妻の千世美さん（72歳）

速効性の疲労回復薬

マタタビジュース

埼玉県越生町の小澤章三さんは空師です。空師とは命綱ひとつで巨木に登り、枝や幹を伐り出す職人。その小澤さんが、即効性の疲労回復薬として頼りにしているのが、マタタビジュース。とくに肉体疲労を感じた日の就寝前に飲むと、よく眠れ、翌朝スッキリと目覚められるそうです

現代農業2012年9月号

第2章

ラクに、おいしく
搾り方指南

ツインギア式低速回転ジューサー
（51p）

クイックジューサー（52p）

ハンドブレンダー（47p）

搾りにくい ドクダミ汁 上手な搾り方Q&A

熊本県熊本市・崇城大学●村上光太郎

（黒澤義教撮影・以下すべて）

飲むと、元気がモリモリわいてくるドクダミ酒。おなじみ村上光太郎先生（崇城大学薬学部）が紹介してくれる野草利用術の中で、毎回一番人気なのが、このドクダミ酒だ。

「やってみたが、どうもうまく汁が出ない」――など、『現代農業』の記事に寄せられた質問の数々に、村上先生が答えてくれた。

「元気モリモリ青春がよみがえるドクダミ酒」とは

ドクダミをジューサーにかけて汁をとり、ハチミツとドライイーストを入れて発酵させてつくる。ドクダミのあのニオイはすっかり消えて、リンゴ酒のような香りと甘みで絶品。発酵がうまくいくと色も変わる。一日に飲む量は写真くらい少しでいい。

「療養型病院ですすめて回ったら、食欲もなくて車いす生活だった老人たちがみんな歩き始めちゃって、病院に怒られました。要介護認定が下がって、病院の経営が傾いたんですね」「強壮剤としてもすぐれてもの。毎日飲んで、一〇年ぶりに青春がよみがえっちゃって三本足になったおじいさんがいましたね。老夫婦が毎晩、新婚時代に戻っちゃったそうですよ」と、ドクダミ酒の強壮効果の話は村上先生の十八番だ。

Q ドクダミを搾っても、汁があんまり出ません。コップ一杯搾るのに、どれだけのドクダミがいるのかと思うと、気が遠くなりそうです。

採集時期に気をつけて 花が咲くと、汁が激減

ドクダミの植物体内の汁（水分や成分）は、春の芽生えから六月頃まで次第に増えていきます。これは葉や茎が生長して植物体が大きくなるにつれて、含まれる汁が多くなるからです。ところが、ドクダミがつぼみをもつようになると、茎や葉に含まれる汁が次第に減少。開花すると非常に少なくなります。さらに秋にかけては極端に減少し、冬に向かうと枯れ始め、汁はとうとう採れなくなります。

ドクダミのフラボノイドなどの成分は開花期が最大になるため、乾燥させて「十薬」として漢方などで利用する場合は、開花期の全草を採集すること

になっています。しかしドクダミ酒用にドクダミの汁がほしい場合は、汁が多く採れる時期を考えなければなりません。**そのためには、つぼみを生じる前か、つぼみがあっても開花していない時期を選ぶようにしましょう。六月中下旬になると次第に開花してきますので、五～六月初旬頃が採集適期です。**

もちろん、開花したドクダミを採って汁を採集してもいいのですが、実際には苦労は多いものの、ほとんど汁を搾れないというのが現実です。ここで、ドクダミのお酒をつくるのをあきらめてしまった方が大勢おられます。冬でも、ドクダミの根を採取して洗い、小さく刻んでジューサーで搾れば汁をつくることはできますが、これも適期採集の数倍の労力が必要です。

そこで今の時期、つぼみが小さいか、まだついてないうちにドクダミをラクに採集しましょう。もっと遅くに採りたい場合は、一回刈り払っておき、再生してくるのを待ちます。

搾る前に一～二日、水を吸わせる

採集したドクダミは、そのまま一日か二日間バケツに水を入れて活けておきましょう。その後、茎葉ともに一cm程度に刻み、ジューサーにかけてください。水を自ら吸ったドクダミは、搾るときに後から水を足したものとは異なり、成分が濃くなります。

晴天が続いて乾燥した土地で採集したものをすぐに刻んだり、採集してしばらく経ってしなびたものを刻んだときは、本当に汁が出ず悪戦苦闘になると思います。そのときは、刻んだドクダミに霧吹きで水をかけたり、あらかじめ水に浸けて葉や茎が濡れたドクダミを刻んで、ジューサーにかけるようにします。このとき水の量が多過ぎると発酵がうまくいかず腐る原因にもなるので、できるだけ少量にするか、出たドクダミの汁を次のドクダミを濡らす水代わりにして、次第に濃くします。

Q 野山で採ってきたドクダミは汚れていると思うのですが、洗ってから使ってもいいのでしょうか?

洗うと自然の酵母菌が落ちてしまう

ドクダミ酒は、ドクダミの汁にハチミツを加えて発酵させて酒に仕上げるのですから、ドクダミに付いている自然の発酵菌（酵母菌）を洗い流してしまっては、うまく発酵が進みません。**汚れを簡単に水でバシャバシャ落とす程度ならいいのですが、葉を一枚一枚丁寧に洗うと、自然の酵母は当然いなくなり、発酵ができなくなります。**それでなくても、ドクダミの汁に抗菌性のあるハチミツを入れて発酵させるのですから、ハチミツに打ち勝ってもらうだけの酵母が必要だということを覚えていてください。

時には、中性洗剤を少し入れて水で洗う人もおられました。この場合、よくすすいだといっても中性洗剤の単分子膜が植物の表面に残り、汁を搾ったときに液の中に入ります。植物に付いていた酵母菌はこの膜で呼吸困難になり増殖できません。そこで酵母菌（イースト）を足したとしても、やはり中に残った洗剤の影響は強く、発酵せずに腐敗していく原因になります。「記事のとおりにしたけれどドクダミ酒ができなかった」という方は、ほとんどがこれが原因でした。本人はキレイにしたつもりでしょうが、健康という面から見れば、疑問符が付きます。

心配な人はイーストを少量足そう

よく洗ったために酵母菌が落ちてしまったと思える人や、発酵がうまくいかないかも……と心配な人は、搾ったドクダミの汁にハチミツを混ぜるときにイースト菌（酵母菌）を購入して足してください。パラパラっとで十分です。安心のためには多いほうがよいのですが、多く入れるとイーストの匂いが付きます。せっかくのドクダミ酒のリンゴの香り・リンゴ酒の風味が味わえなくなります。おいしいドクダミ酒のためにも、洗わずに汁を搾り、菌を足さなくてもすむようにしましょう。

またドクダミの収穫も、雨のすぐ後でなく、一～二日後くらいのほうが表面の菌が多くなり安心が増します。

Q ハチミツの量は適当でいいですか？ 保存場所とか仕上がりの目安も知りたいです。虫が寄ってくるのも困ります。

ドクダミ汁五～六に対し、ハチミツが一

ドクダミの汁とハチミツの割合は、ドクダミの汁コップ五～六杯に対してハチミツ一杯の割合を目安にしてください。これよりハチミツが多ければ濃度の高いドクダミ酒に、少なければ濃度の低いドクダミ酒になります。濃度が低過ぎると成分が出にくくなり、効果が期待できなくなります。といっても、ハチミツを多くしすぎると、酵母菌が働けなくなります。

室温で、ときどきかき混ぜる二～三カ月で、おいしくなれば完成

混ぜたら、冷蔵庫には入れないでください。発酵には温度が必要です。だいたい室温なら大丈夫ですから、部屋のどこかに置いてときどきかき混ぜましょう。酵母菌が働くには温度と酸素が必要だからです。

ビンには布をかぶせてフタをします。パッキンの付いたフタで完全に締めると、中の空気が少ないため、発酵が抑制されます。布のフタだけでもいいのです。ただ布のフタもないと、甘さに向かって小バエが発生します。

二～三カ月でできあがります。少し飲んでおいしければＯＫ。できれば沈澱物などを除いて別の容器に入れ、今度は発酵を抑制するために冷蔵庫へ。うまくいけば数年もちます。

外に置いていると発酵が進み、酸っぱくなります。数カ月たって酸っぱくなったらまたハチミツを少し足せばおいしくなります。ハチミツを足しながらかき混ぜて、ときどき味見しておいしくなると終了です。

現代農業二〇一一年六月号

※村上先生は二〇一七年四月に急逝されました。ご冥福をお祈りします。

ドクダミ採取。湿気の多いところによく生えている

1㎝くらいに刻む

ジューサーにかける
採取が遅れて、開花してしまったドクダミだと、写真のような普通のジューサーではなかなか汁が出ない。昨年はそれで苦労した読者が多かったようだが、「ちょっと高いですが、石臼式のジューサー（p49参照）なら難なく汁が搾れました」と編集部に教えてくれた読者もいた。5万円くらいの機械だそうだ

搾ったドクダミ汁に、ハチミツとイースト菌を入れる

手搾りとハンドブレンダーで後片付け不要
うまかジュースで風邪知らず

熊本県合志市●村上カツ子

いろんなジュースをよくつくりますが、ジューサーは掃除が大変です。搾ったあとにカスを取り除き、洗うのに、搾るのと同じくらい時間がかかります。わが家ではジューサーを使わずに、ジュースを楽しんでいます。

ミカンを手で搾る筆者

ミカンジュースは手で搾る

手で搾るのが、ミカンジュース。以前、ミカンを箱に入れたまま腐らせてしまうことがあったので、今では腐る前によくジュースにしています。ジュースにして飲むと、そのままで食べるより、寒い日でもおいしくいただけると思います。

ミカンは洗って、半分に切ります。右手にラップを巻いて、親指以外の四本指をミカンの果肉の中に入れ、ギュッと搾ります。一個のミカンの重量の半分ぐらいがジュースになります。

多めにつくったときは、ホーロー鍋でひと煮立ちさせ、冷蔵庫で保存します。また、寒天で固め、デザートにも。酸っぱいミカンもひと吹きさせると甘みが出るように思います。

ニンジン・リンゴジュースは百円均一のおろし器で

ニンジン・リンゴジュースは、百円均一コーナーのおろし器と、蒸し器用の敷布を使い、二〇〇円でできます。

おろし器と蒸し器用の敷布で搾るニンジン&リンゴジュース

蒸し器用の敷布で搾る

おろし器でニンジン、リンゴをおろして
〔材料の分量の目安〕リンゴ1個とニンジン1本で25～60ccのジュースがとれる

おろし器でリンゴとニンジンをおろしたら、敷布に包んで果汁を搾ります。ジュースの中にアシタバの粉を入れて飲むこともあります。

なお、わが家ではこのニンジンとリンゴの搾りカスを小麦粉に練り込んで味噌汁の中に入れ、やわらかいだご汁にしています。これも家族に喜ばれています。

義父は九四歳で老衰で亡くなりましたが、ご飯のあとはよく、デザートにニンジンやリンゴのジュースをつくってあげたものでした。義父は若い頃は腸の病気、七〇歳で心臓のバイパス手術、糖尿病もあり、馬が食うように薬を飲んでいました。義母が亡くなってからは私が食事の世話から全部やっていましたが、四〇〇〇鉢の小品盆栽の世話をし、死ぬ二〇日前まで自動車も運転し、元気そのものでした。このジュースがよかったのかなとも思います。

ゴーヤー、トマトのジュースは、ハンドブレンダーで

ハンドブレンダーでつくるのが、ゴーヤージュースとトマトジュースです。

あるとき主人が直売所から帰り、「今日はお客さんが『ジュースがおいしかよ』と言ってゴーヤーを買っていった」と言いました。つくり方は知人から聞いていたので、さっそくつくってみました。

氷を入れて飲むと、夏にはそれはそれはさわやかでした。以来、家族みんな喜んで飲んでいます。ゴーヤーの嫌いな人も、これはいけると思います。

ゴーヤーをタテに割り、タネをスプーンで出し、五㎜ぐらいに切り、ボウルにゴーヤーと牛乳(使う量の三分の一)を入れ、ハンドブレンダーでつぶします。そして残りの牛乳とバナナを入れ、もう一度つぶします。ハチミツを少々入れるときもあります。

ハンドブレンダーは水分が少なくてもつぶれるし、上からつぶすので力も入れられます。たくさんつくるときは大きい容器でつぶすことができます。また、アツアツのものでもブーンブーンとつぶすことができ、本当に重宝しています。

一方、家族も孫たちも、お客さんも大絶賛なのが、トマトジュース。畑のキズものや、直売所で売れ残った持ち帰りのものを使います。トマトを鍋に入れて、弱火で炊き、熱い鍋の中にハンドブレンダーでブーンブーンしたあと、金ざるまたは敷布でこし、塩を少々入れてできあがりです。

暑い夏場はタバスコを入れ、氷を浮かべて飲むと、喉の乾き止めにもなりますよ。私たち夫婦も古希を迎えますが、この五、六年風邪をひいたことがなく、薬の世話にもなっておりません。

現代農業二〇一二年五月号

材料に直接突っ込んでジュースにする筆者のハンドブレンダー「マルチクイック」(ブラウン製)。先端のカバーの中で2枚刃が高速回転して材料を粉砕する。準備も掃除もかんたんだ

切ったゴーヤーと牛乳にハンドブレンダーを突っ込んでつぶす。この後バナナと残りの牛乳を入れてつぶして完成
〔約4杯分の材料〕ゴーヤー中2本、バナナ2本、牛乳400cc、ハチミツ少々

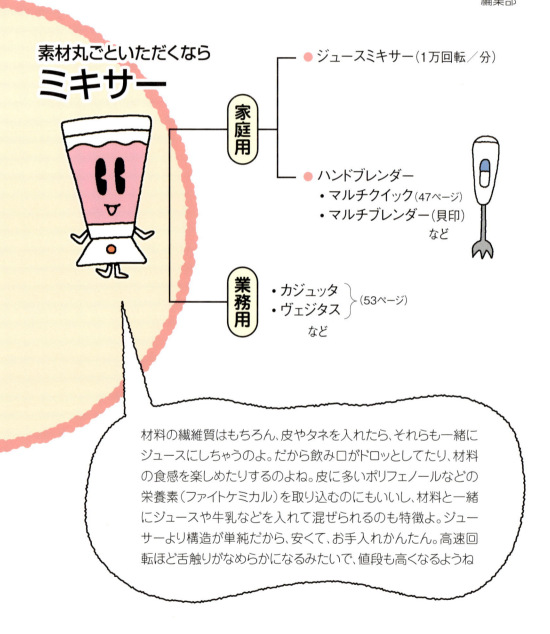

図解 ミキサー&ジューサーの選び方

同じジュースをつくる機械でも、ミキサーとジューサーは構造も目的も違うのだ

編集部

素材丸ごといただくなら ミキサー

家庭用

- ジュースミキサー（1万回転／分）
- ハンドブレンダー
  - マルチクイック（47ページ）
  - マルチブレンダー（貝印）
  - など

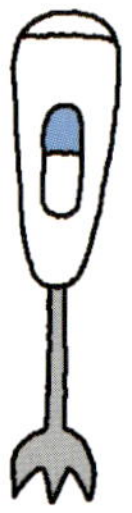

業務用

- カジュッタ
- ヴェジタス

（53ページ）

など

材料の繊維質はもちろん、皮やタネを入れたら、それらも一緒にジュースにしちゃうのよ。だから飲み口がドロッとしてたり、材料の食感を楽しめたりするのよね。皮に多いポリフェノールなどの栄養素（ファイトケミカル）を取り込むのにもいいし、材料と一緒にジュースや牛乳などを入れて混ぜられるのも特徴よ。ジューサーより構造が単純だから、安くて、お手入れかんたん。高速回転ほど舌触りがなめらかになるみたいで、値段も高くなるようね

果汁だけ効率よく摂るなら
ジューサー

カスを除去して果汁だけいただく仕組みだから、サラッとしてて飲みやすいんだ。カスが大量に出るけど、たくさんの野菜から栄養素を効率よく摂るならジューサーだよ。
低速回転のほうが摩擦や衝撃が少なくて、栄養素や酵素が壊れにくいらしい。ジューサーは低速回転のほうが高価みたいだな

高速回転式

1万〜2万回転／分で遠心分離

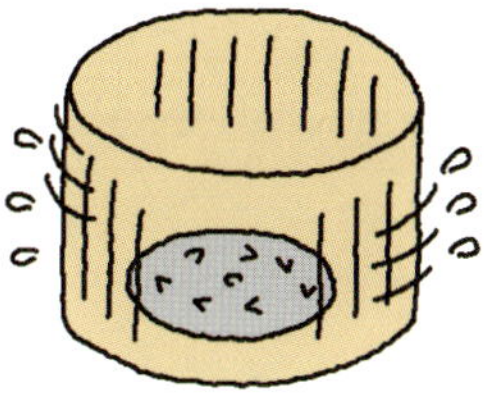

- 一般的な家庭用ジューサー

低速回転式

80〜100回転／分

ツインギア式

- 果汁とカスが分かれて出るタイプ
  - しぼるくん　など
- 手搾りが必要なタイプ
  - スズキのジュースマシーン

  ＊手搾り工程を省けば果汁と繊維が一緒のドロドロジュースとして飲む（食べる）ことができる

石臼式

- ヒューロムドリームジューサー　など

＊スクイザー（レモン搾り器）、クイックジューサー、ユズ搾り器などもジューサーの仲間

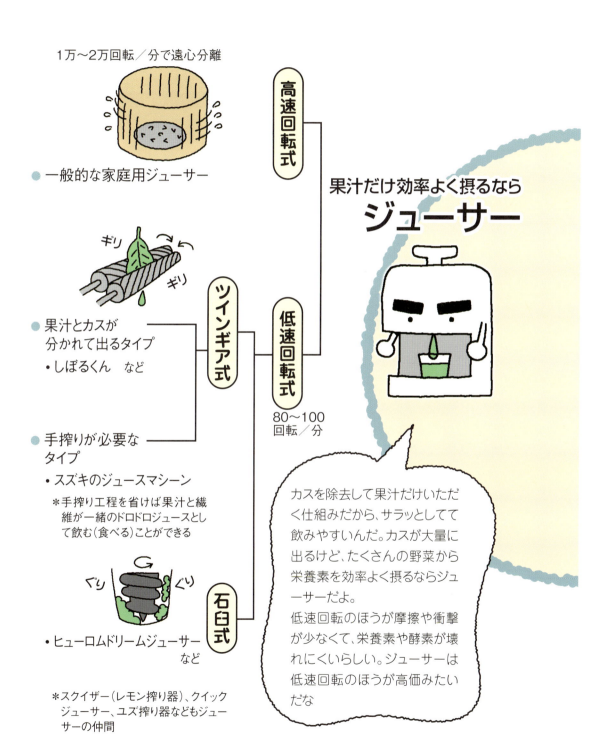

3タイプのジューサーで **ケール搾りくらべ**

協力：千葉県成田市●浅野九郎治さん

①高速回転ジューサー

材料を投入口から入れて、押し棒で押し込む。200g のケールが 1 分ほどでジュースになった。とにかく速い速い。

おろし金のような円盤状の刃と網が内蔵されたドラムが 5000 ～ 12000 回転／分。遠心分離により網の内側に搾りカスがへばりついて、エキスだけ流れ出る。大量に搾る場合はカスをとらないと詰まる。

こりゃ、ちょっと苦味がきついな

200gのケールから60ccの青汁しかできない。搾りカスは小皿に山盛り！

②石臼式低速回転ジューサー

材料は高速回転ジューサーと同様に投入口から入れて、押し棒で押し込む。ジュースの出口と搾りカスの排出口が別になっている優れもの。

スクリュー（石臼）がゆっくり 80 回転／分。ブレード（網）がカスとジュースを分離。音はとても静か～♪　200g のケールが 3 分かかった。

泡が多くてわかりづらいが、青汁は約100cc。出てきた搾りカスはご覧のとおり少ないが、じつはスクリューとブレードの間にけっこうカスが挟まっていた

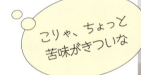

96回転／分。2本のロールギアが巻き込んで圧搾する。ニンジンなどはスライスしないと入らないのが難点。圧搾時間は200gのケールで約1分30秒かかった。ロールギアはかんたんに抜けるので掃除は意外とラク

③ツインギア式低速回転ジューサー

こりゃぜんぜん
苦くないし、すっきり
飲みやすいぞ

できたジュースは80ccくらい。カスは多いが高速回転ジューサーよりは少ない

13年前に購入したもので、石臼式を買ってからは物置にしまっていた。久しぶりに使ってみたら青汁の味がピカイチだったので、最近はほとんどコレ。ジュースとカスが分かれず、ドロドロのケールが出てくるので、ガーゼで受ける。受けたガーゼで手搾りをするのだが、この作業がなかなかたいへん！

ジューサー搾りくらべ

編集部まとめ

	①高速回転	②石臼式	③ツインギア式
作業時間	速い	遅い	手搾りまで含めると一番遅い
音	うるさい	静か	静か
手間	カスの除去必要	カスの除去たまに必要	カスの除去不要 手搾りが大変
カスの量	多い	少ない	中くらい
ジュースの量	少ない	多い	中くらい
味	★	★★	★★★
材料の大きさ	投入口に入る大きさならOK		ニンジンなどはスライスしてから
価格	1～2万円	4～7万円	7～10万円（手動式2～3万円）

注）浅野さんの手持ちのジューサー（②③）と持ち込みのジューサー（①）で実験。各メーカーより性能がアップした新型が出ている。③にはカスが分離して手搾りが不要なタイプもある。

〈今回使ったジューサー〉

①高速回転「パナソニック ジューサー MJ-W90」

②石臼式低速回転「ドリームジューサーヒューロムⅡ」㈱カレン・ヒューロム・ジャパン TEL03-6206-9323）

③ツインギア式低速回転「スズキのジュースマシン」㈲鈴木糧食研究所 TEL042-759-5571）

＊機種は2012年当時のもの。

現代農業2012年5月号

直売所やイベント向き

ジューサー、ミキサーのいろいろ

編集部

ジューサー

クイックジューサー

島根県大田市の果樹農家、福田隆治さんが愛用。果樹園にお客さんが来ると、もぎたての甘夏などをその場でジュースにしてふるまう。カンキツを半分に割って入れ、上下からギュッと挟むように搾る。皮をつぶさずに搾る仕組みなので苦みがなく、さわやかでおいしいと大好評。

価格：9030円
販売元：千葉工業所
TEL 047-438-3411

ジューサー

柑橘ジューサー

スペインのズーメックス社製。カンキツを丸ごとセットすると、大きさに応じて搾汁部分の部品で4つに選別し、カンキツの大きさで4階級に分けて搾汁する。搾る様子も見ることができる仕組みだ。

価格：50～60万円台（30数万円の小型機「SOUL」も開発されている）
販売元：リタ㈱　TEL 03-5315-4073

ミキサー

カジュッタ

果実の中身だけをジュースにしてくれる。果実に刃を差してスイッチを押すと、刃が回転しながら広がり内側の果肉をかき回す仕組み。粗搾りの食感が楽しめる。カンキツ向けに開発されたが、カンキツ以外の果物にも使える。

販売元：㈱ヤマト
TEL 0266-58-1112
（価格は問い合わせを）

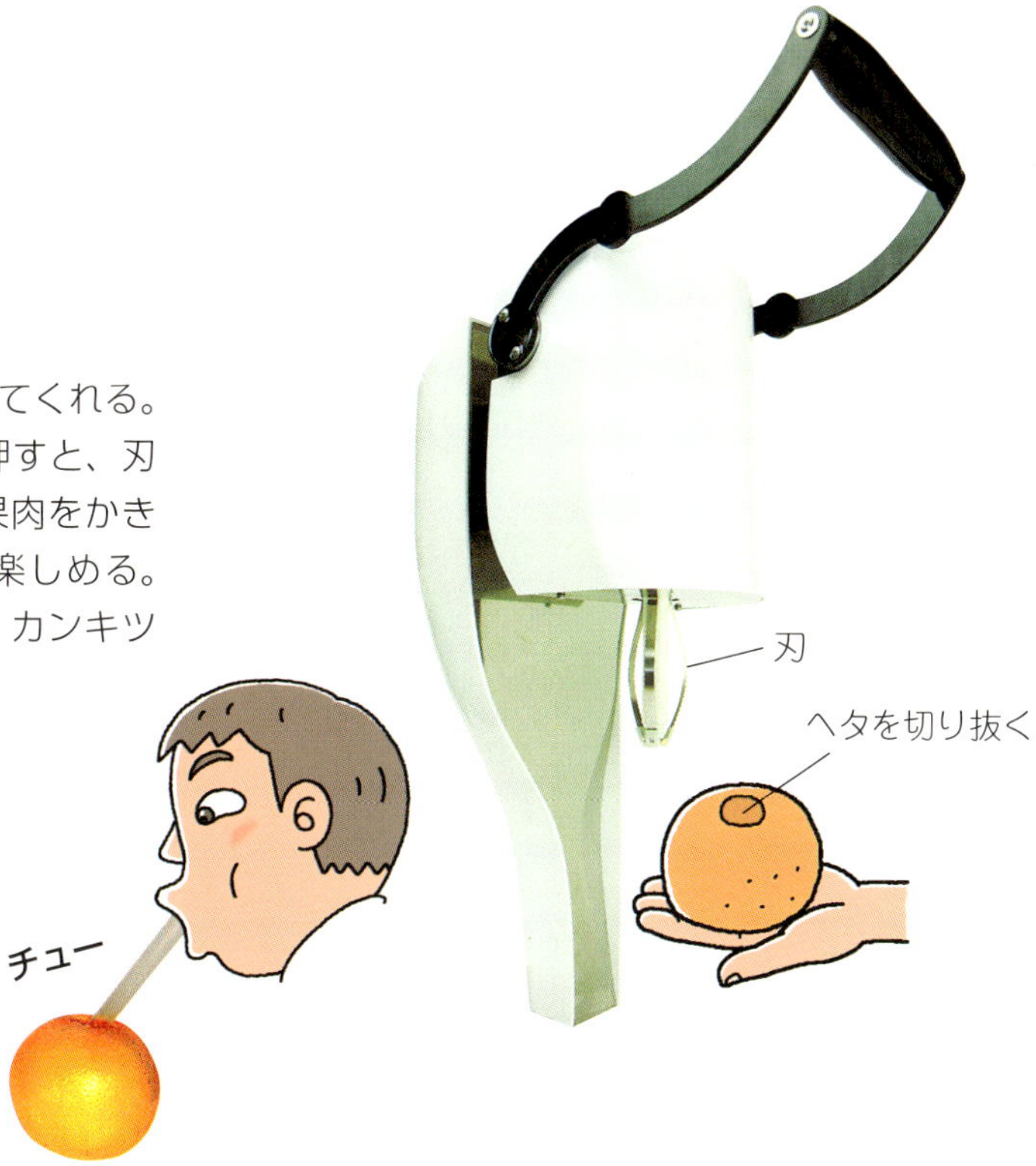

ミキサー

ヴェジタス

材料をカップ山盛りに入れてセットすると、そのままジュースにしてくれる。㈱エス・エフ・シーが90万円前後で製造していたが、現在は中古市場のみ。

カップの中で刃が回って

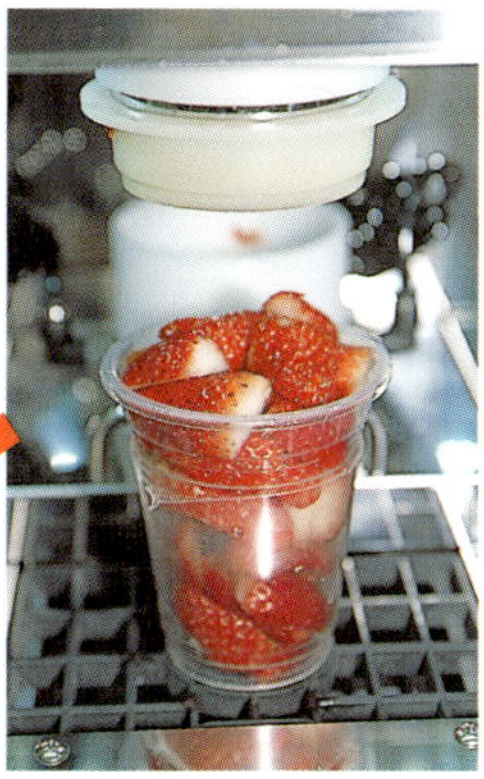

イチゴを入れてカップごとセットすると……

（田中康弘撮影）

現代農業2012年5月号

写真ページで紹介した

イタドリジュースのつくり方

熊本県玉名市●小岱山《しょうだいさん》薬草の会（代表：宮永マス子さん）

イタドリの若芽を取ってきてつくる。茎葉が赤いほどきれいなピンクに仕上がる

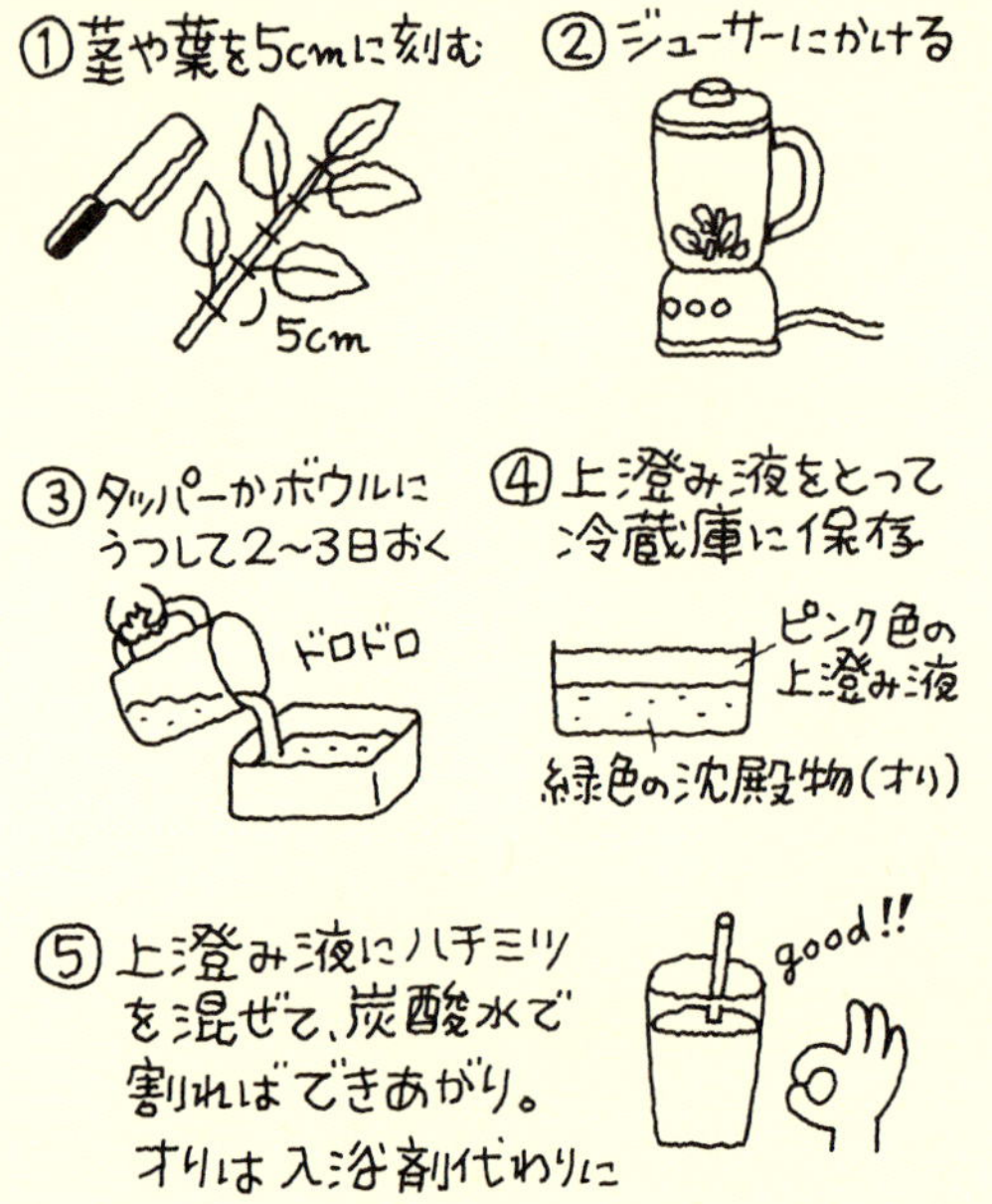
①茎や葉を5cmに刻む
5cm
②ジューサーにかける
③タッパーかボウルにうつして2～3日おく
ドロドロ
④上澄み液をとって冷蔵庫に保存
ピンク色の上澄み液
緑色の沈殿物（オリ）
⑤上澄み液にハチミツを混ぜて、炭酸水で割ればできあがり。オリは入浴剤代わりに
good!!

現代農業2004年7月号、2010年7月号

松葉ジュースで血液サラサラ

千葉県山武市●土屋政子さん

材料（2杯分）

松葉　約80本／レモン　1/4個／ハチミツ　大さじ1／水　180cc

つくり方

①松葉を1㎝くらいに細かく切る。
②ミキサーやミルサーに、細かく切った松葉、レモン、水を入れ、攪拌する。
③茶こしなどでこしてから、ハチミツを入れる。

松葉ジュースでほらこの通り
松そっくり
プッ
suu

絵・こうま すう

千葉県の土屋政子さんは、松葉を使ったミックスジュースをつくっています。松葉には血液をサラサラにする効果があり、高血圧や心臓病にいいと聞いたからです。

つくり方はこうです。松葉をきれいに洗った後、一㎝くらいに細かく切り、水と一緒にミキサーやミルサーにかけます。それをこせば、青汁のような液体になります。ただ、そのまま飲むと苦すぎるので、土屋さんはハチミツとレモン果汁を必ず入れるようにしています。また、グレープフルーツやリンゴなど、その季節にある果物のジュースを混ぜることもあります。

これで飲みやすくなるので、土屋さん夫婦は好んで飲むそう。庭の景観をつくるマツは、人の健康もつくるんですね。

現代農業二〇一三年八月号

第3章

うわさのしゅわしゅわ
発酵・酵素ジュース

イチゴ酵素ジュース（60p）

手づくり酵素（67p）

甘こうじスムージー（61p）

一〇〇種の野草の酵素ジュース

元阿南町地域おこし協力隊・飯野悠子●長野県阿南町・西川 劬《つかる》さん

野草の酵素ジュースとの出合い

私が長野県阿南町和合へやってきたのは、二〇一四（平成二十六）年四月だった。縁もゆかりもないこの土地へ、「地域おこし協力隊」として、町役場臨時職員というかたちで引っ越してきたのである。

野草酵素ジュースを飲む西川劬さん

まずやったことは「地域を知ること」。地域資源の掘り起こしだった。

長野県の南端に位置している阿南町の人口は四九〇〇人。私の担当する和合地区は、その阿南町の面積の約半分を占めながらも、住民はわずか二五〇人足らずの山間地域である。

そして、ここには長年継承されてきた在来の野菜である「鈴ヶ沢なす」「鈴ヶ沢うり」「鈴ヶ沢南蛮」もあり、これらはいずれも長野県の伝統野菜に認定されたり、選定されたりしている。

私は、この在来野菜がきっかけで、西川劬さんと出会うことになった。西川さんのお宅は、山深い和合のなかでも、最も奥に位置する「鈴ヶ沢集落」にある。

そこで出会ったのが、野草酵素ジュースである。西川さんから、「数年前までは、野草で酵素もつくっていたがな。百種類くらいの草をその辺で集めてな」という話を聞かせてもらった。はじめはまったく理解ができず、「酵素」というものすらよくわからなかった。

数年前につくり、保存していたという野草酵素ジュースを実際に飲ませてもらうと、予想していたような青臭さはまったくなく、どこか体の中でスーッとするさわやかなものだった。

野草酵素ジュースの特徴

酵素ジュースとは何なのか。西川さんのお宅で話を聞き、飲ませてもらってから、自分なりに調べてみた。野草のほか、野菜、果物、穀物などが原材料となる。何種類もの材料を混ぜてつくる場合もあれば、一種類だけでつくることもできる。それらを、発酵させることで酵素ジュースはつくられている。

本来、酵素は人間の体内でも生成され、日々私たちの体の中で体を動かすために働いてくれているという。しかし、加齢とともに体内酵素の生成量は減少し、そうすると免疫力が低下して、病気に罹りやすくなったり、体に不調を感じるようになったりするといわれている。酵素は健康維持に欠かせないものであることがわかる。

酵素ジュースのつくり方

▼素材となる野草

西川さんは、鈴ヶ沢に生えている草木で食べられないものは一一種類だけだという。その一一種類を避けて、とくに薬効のあるものを多めに採集する（59ページ写真）。採集する部位もさまざまである。左の表はその一例である。

▼原料採取のしかた

草類のアザミなどについては、採集する時期にもよるが、地表から上の部分を刈り取るか、春ならば新芽を摘んで利用する。

ユリ類などの花類は、花の部分だけでなく、茎、葉もいっしょに刈り取る。花は刻まずに、そのまま入れてもいい。

アカマツ、ウメなどの木の葉は、枝のまま採集した場合、枝からはずして利用する。

マタタビやクワなどの木の実類は、実だけでなく葉やつるもいっしょに採集する。マタタビなど、硬い実は半割り、または、傷を入れておくとよい。

アケビやクズなどのつる類は、葉や実のついたまま切り、丸めてまとめておく。

アザミやオオバコなど先にあげたような薬効の強い野草は、根にも成分が含まれているので、採集が可能な場合は、根も採集する。また、アザミは大きくなると葉のとげが鋭くなり、桶に入れ混ぜるときに手を痛めるので、根を掘って使ってもよい。

イワタケ、サルノコシカケなどきのこは、いずれも採集が困難であるが、手に入った場合は、ぜひ使用してもらいたい。イワタケは簡単に手で粉砕できる。サルノコシカケは、ナイフなどで薄く削って混ぜる。

キハダは、表皮をはいで、黄色い部分を使用する。苦味がかなり強いので、入れすぎないように注意する。

▼素材の下処理（調製）

①採集してきた草木を洗う。よく振って、水気を切る。

②葉だけ使うものは枝や茎からはずすなど、使う部分と使わない部分に切り分ける。

③合計が一〇kgになるように量る。すべての種類の野草を均等の配分にする必要はない。ただ、薬効のあるものは、多めに入れる。

野草酵素の原料と使用部位（例）

素材	葉	花	根	実	つる
アザミ	○	○	○		
アマチャ	○	○			
ウド	○				
カワラヨモギ	○				
ヨモギ	○				
クマザサ	○				
ゲンノショウコ	○	○	○		
センブリ	○				
ドクダミ	○	○	○		
トウキ	○				
ミョウガ	○				
イタドリ	○				
スイバ	○				
ツユクサ	○				
ヤマゴボウ	○		○		
ユリ類	○	○	○		
ヤマアジサイ	○	○			
タチアオイ	○	○			
リンドウ	○	○			
アカマツ	○				
ウメ	○			○	
クワ	○			○	
サクラ	○			○	
ホオ葉	○				
トチ	○				
サンショウ	○			○	
マタタビ	○			○	○
コクワ（サルナシ）	○			○	○
アケビ	○				○
クズ	○				○
ワタフジ	○			○	○
ヤマブドウ	○			○	○
オオバコ	○	○	○		

マタタビの実をつぶす

草木を3cm程度に刻む
（写真はチガヤ）

▼つくり方の手順

つくり方は次のとおり。

①素材として下処理した草木を三cm程度に刻む。マタタビの実などはそのままでも構わないが、傷をつけたほうが中の水分がよく出てくる。

②刻んだ草木を二つの桶に半分に分けて入れ、それぞれの桶に白砂糖五・五kg（合計一一kg）を入れる。

③砂糖と草木がなじむまでよく混ぜる。草木から水分が出てくればよい。

④二つの桶を一つに合わせる。そして、「海の精」㈲十勝均整社製。北海道特産良品の昆布を特殊製法により全成分をエキス化した酵素飲料）に付着している発酵菌を入れ、軽く混ぜ合わせる。この発酵菌は、イースト菌でも代用できる。また、二度目以降につくる場合は、前につくった酵素を混ぜ合わせてもよい。

⑤軽くふたをして保管する。これで仕込みは完了する。

仕込みを終えた状態

▼仕込み後の管理

仕込んだ翌日から約一週間後まで、毎日一回、できれば朝晩の二回、五〇回を目安によく混ぜ合わせる。このさい、手袋をはめたり、ヘラを使ったりはせず、水洗いしてから、清潔な布で水気を拭き取ったら素手で混ぜ合わせる。こうすることによって、手のひらに存在する常在菌も発酵に協力してくれて、自分の体にあった酵素に仕上がっていくという。

きちんと菌が働いていると、しだいに容器の周囲や表面には水泡がつき始め、三日目ころからは手を入れると「シュワー」と大量の水泡が湧き上がってくる。

▼搾汁のしかた

十分に発酵が進んだら、一週間経過した時点で搾汁作業に入る。

虫除けに袋で覆って自然落下を待つ

タマネギネットを使った搾汁

原料となる草木（例）
①トウキ
②チガヤ
③ソロバン草（ノキシノブ）
④ホオズキ
⑤ユリ類
⑥タチアオイ
⑦ウメの葉と果実
⑧クワの葉
⑨アスナロ
⑩ネムノキ
⑪ツキミソウ
⑫マタタビの実
⑬タラの根

①空の桶にタマネギを入れるネットの袋をかぶせ、ネットの袋の上から発酵させた草木を桶にあける。

②その袋で草木を包み込むようにして持ち上げ、雨の当たらない場所に吊るして、自然に液が落ちてくるのを桶に受ける。

　このとき、砂糖を大量に使っているため、虫が寄ってくる。虫が気になる場合は、ザルを使い、全体をビニール袋で覆うとよい。

③三日ほど吊るしたままにして、十分に液が落ちきったら、最後に「海の精」（65ページ参照）を加えて完成となる。「海の精」が入手できない場合は、加えなくてもよい。海の精を加えなくても、酵素ジュースとしての効果はある。

完成量は、野草を採集した時期にもよって異なるが、春〜夏にかけては約五升から五升半（九〜九・五ℓ）、秋に向かうにしたがって、量は減る。

▼保存のしかた

びんやペットボトルなどに移し替えて、保存する。ただ、完成した酵素ジュースもまだ生きており、発酵し続けているため、密閉せずに、ふたをゆるめたままにする。

野草酵素ジュースの飲み方

一日一〜二回、一回に約三〇mlを、水などで好みの濃さに薄めて飲む。毎日飲み続けることで、効果が得られる。

簡単な方法でつくれる

西川さんのように、何十種もの野草を集められる知識をもっている方、そのような環境に身を置かれている方は限られるかと思われる。一〇kg仕込むと毎日の管理も、搾汁もなかなか大変な作業になる。そこで、少量でも原料一：砂糖一・一の比率を守れば、同じようにつくることができる。野草も最低二五種類から始める。はじめはこの二五種ですら集めるのは大変だが、徐々に識別する目が養われていくと、使える野草を見つけられるようになる。

私は、いつも梅酒などを漬ける四ℓのびんを使い、野草九〇〇g、砂糖九九〇gでつくっている。これならば、場所もとらず、家事の間のちょっとした時間で管理できる。なくなる直前にまた仕込むようにする。仕込みの時期に応じて、旬の素材でつくっている。

野草酵素ジュースには「こうでなければならない」という決まりはない。毒性のあるものを見分ける知識と、ひと手間かける心の余裕さえあれば、誰でもつくることができる。多くの人に、身の回りの資源を生かしつつ、日々の健康管理に役立てていただけることを願っている。

食品加工総覧　第五巻（二〇一六年記）

※二〇一七年四月に西川さんは急逝されました。ご冥福をお祈りします。

イチゴ酵素ジュース

徳島県徳島市●新居希予

材料

イチゴ　1kg／ハチミツ750g／カンキツ系果汁400cc（イチゴが浸かる程度）

つくり方

①梅酒用のガラスびんに材料をすべて入れる。
②紫外線をカットするために新聞紙を巻く。
③約1カ月ほどそのまま置く。
④1カ月後、イチゴを取り出し、ジュースをびんに入れて冷蔵庫に保存。イチゴはそのままつぶしてジャムに。

春はイチゴが旬。できるだけ長く楽しくイチゴを満喫できるようにと、酵素ジュースを考えました。

よくみかけるイチゴジュースレシピは火を通しますが、火を通したらビタミンCも酵素も死んでしまうので、自然発酵させることにしました。

注意する点は、気になって揺すったり、中をあけたり、お箸でつついたりしないこと。雑菌を防ぐためと、酵母の働きが活発になるとジュースがややアルコール強めになるためです。

材料を仕込むと、液体の表面が白くなり、ブクブクしてきます。赤、黒、青の色の菌でなければ、だいたい成功です。なお、ハチミツは多いほど仕上がりが安定します。イチゴはなるべく小粒のほうが真っ赤になります。水で5倍ほどに薄めて飲みます。

現代農業2012年5月号

もち米でつくる甘こうじ
甘酒で疲れを取り、スムージーにはまる

広島県東広島市●佐々木保子

材料

材料のベースは甘こうじとバナナ、リンゴ、夏ミカンもしくはレモン。野菜は、コマツナ、ホウレンソウ、ベカナ、ニンジン、レタス。野草はヨモギやスギナ、ドクダミなど。これらの野菜や野草を２～３種類加える。

つくり方

甘こうじを大さじ２杯に対して、リンゴを1/8個、バナナ1/3個、それに野菜や野草を適量、氷と炭酸水などを加えてミキサーにかけるだけ。リンゴとバナナを加えると野菜や野草の青臭さがとれるので、必ず入れることにしている。ドクダミは多く入れすぎると飲みにくくなるので２～３枚までに。

いつものコマツナやドクダミが入った緑色スムージーと、イチゴとニンジンを入れたオレンジ色スムージー

甘こうじスムージーを飲む筆者。炭酸で割るとさわやか

自然循環型の農業で、安全でおいしくて、子どもたちが喜んで食べてくれる野菜をつくりたくて、福岡正信さんをはじめ自然農法を実践されてきた方々の本を読んできました。『現代農業』も繰り返し繰り返し読んで、できることを実践しています。

毎月『現代農業』が届くと、どんなに忙しくてもざっと目を通さないと仕事が手につきません。いまやっていることの大半は『現代農業』から学んだことです。六〇歳まで勤めていたので、農業について「…ねばならない」ということがあまりなく、まわりの目を気にせず、草もぐれ（草だらけ）の畑で野菜をつくってきました。現在は、不耕起栽培の野菜を一〇aほどと、田んぼを五〇aつくっています。

味噌を変身させる甘こうじ

私は、二〇年くらい前から、近所の方々と加工所で味噌づくりもしてきました。いっしょに味噌をつくる仲間から、米袋を使ってこうじができることを教わり（『現代農業』の記事にもありましたね）、自分でつくっています。買えば高価なこうじがいくらでもできるので、塩こうじや甘酒もよくつくり

ます。塩こうじは味噌づくりのグループで商品化しました。

　また、もち米を炊いてこうじと混ぜて寝かせたところ、甘くねっとりした「甘こうじ」ができるではありませんか。これは砂糖の代用になる、砂糖の代わりに料理に使えると思いました。中でもおもしろいのは、甘こうじと合わせると味噌が大変身することです。

　味噌と甘こうじの割合は一対一・五くらいで甘めに。煮干しを煎って小さくすりつぶし、ゴマといっしょに加えると、体にいい味噌だれができます。温野菜、ご飯、もち、豆腐などにつけて食べると絶品です。ユズを入れればゆず味噌、酢を入れれば酢味噌、七味を入れれば唐辛子味噌。何通りにでも変身します。

夏の甘酒で疲れがとれる

　甘こうじのつくり方は甘酒と同じで、もち米を炊くときの水加減が違うだけです。甘酒はもち米をおかゆ状にしますが、甘こうじでは少し軟らかい程度に炊きます。もち米とそれより少し多いくらいのこうじを混ぜ、炊飯器を保温状態にして五五～六〇℃で一〇～一二時間保温。この温度管理も甘酒をつくるときと同じです。温度は、炊飯器のフタを少し開けて（箸を挟む）調整します。もっと甘くしたいときは、こうじの量を増やせばいいようです。

　甘こうじをつくっておけば、その半分から同量の水かお湯を加え、しっかり混ぜると甘酒のできあがり。冷蔵庫に二～五日くらい入れてから飲むと、なじんでいっそうおいしくなります。夏、外から帰って冷えた甘酒を飲むと疲れがとれる気がします。私は、甘酒をご飯の代わりにしたりもします。

体にしみる、甘こうじスムージー

　それに甘こうじスムージー。これは、はまりましたね。

　スムージーとは、果物や野菜などを氷といっしょにミキサーにかけ、トロトロになったものをいうのだそうです。ハチミツを入れるといいと聞いたので、甘こうじをハチミツの代わりにしてさっそくやってみました。

　私はこれを毎朝つくって飲みます。入れる材料でどんな味になるかが楽しみです。材料のリンゴやバナナにも甘みはありますが、甘こうじが入ると旨味やコクが加わります。

　ミキサーがまわる程度に水を加えるのですが、水の代わりに炭酸水を入れたり豆乳にしたり、豆乳だけで濃すぎるときは水も足したりして自由自在。これからの季節は、炭酸水がさわやかでいいですね。

甘酒は夏の元気ドリンク

　こうじ菌は、増殖するときにアミラーゼ、プロテアーゼという2種類の酵素を出して、それぞれの酵素がデンプンを糖に、タンパク質をアミノ酸に分解し、甘みと旨味を生み出す。こうじでつくる甘酒には、体に吸収されやすい糖やアミノ酸のほか、ビタミンB_1、B_2、B_3、パントテンも含まれており、「飲む点滴」「天然のビタミンドリンク」、あるいは夏の疲れを癒やすのにぴったりの「元気ドリンク」といえる。

材料を冷凍しておくとサッとつくれる

なお、甘こうじは平たく延ばして冷凍し、固まったところで一～二cm角に切り分けてまた冷凍しておくと便利です。甘こうじをそのままおいて二週間くらいたつと、発酵しすぎて酸味が出てきてしまいます。リンゴも、皮をむいて適当な大きさに切り冷凍しておくと、朝さっと準備できます。夏ミカンも同じです。

野草も、もっといろいろ試したいと思っています。『現代農業』の記事で村上光太郎先生が薬効があるとおっしゃっているハコベやタンポポ、オオバコ、イタドリ、松葉、クズの新芽なども入れてみたいですね。

現代農業二〇一五年八月号

私の夕飯代わり、生卵入りドブロク

こうじと蒸し米、水、イースト菌を、雑菌が入らないようにビニール袋の中に入れ、袋の外からよくもんで温度を低めに保つと、10日くらいでいいにおいがしてきました。飲んでみるとアルコール発酵をしているのです。

ドブロクよりは酒粕がほしくてつくるのですが、これがおいしくて、おいしくて。コップ一杯のドブロクに、生卵を入れ醤油を少したらすと最高。体が変わっていく感じがして、毎日、飲みたくなるのです。夕飯代わりに飲んでいます。

こんなふうに書くと、よほどの酒豪かと思われるかもしれませんが、ふだん私は、お酒が飲みたいなんて思うことはありません。でも、夕飯にこれをいただいたあとは気持ちがよくなって、しばらく休みます。酔っ払うという状態を初めて知りました。

甘酒入りバナナジュース

宮崎県日南市●山下千幸

甘酒が優れたサプリメントであると、数年前から新聞や雑誌で取り上げられ、関心をもつようになりました。

いっそ自作してみようと、昔ながらのつくり方でやってみたところ、どうにもうまくできませんでした。インターネットで調べてみると、炊飯器の保温を利用すれば、六時間程度で失敗せずにおいしい甘酒がつくれる方法が載っていました。以来、この方法で甘酒をつくっています。こうして自作した甘酒を、飽きずに毎日飲めるようにと思いついたのが、甘酒入りバナナジュースです。

のどごしがよくて、とてもおいしいこのジュースは、主人が大のお気に入り。毎朝必ず飲んでいきます。

ジュースのせいかわかりませんが、飲み始めてから、風邪をひいたり、体調が悪いということもなくなりました。主人は七二歳、私は六六歳ですが、二人とも元気です。

現代農業二〇一五年八月号

材料（2人分）

バナナ　中1本／牛乳　200cc／甘酒　大さじ2～3杯

つくり方

①バナナを2cmくらいに切る。
②ミキサーに、すべての材料を入れ、攪拌する。

春は野草、秋は果実でつくる美容と健康に手づくり酵素

群馬県松井田町●榺嶋《ぬてじま》好江

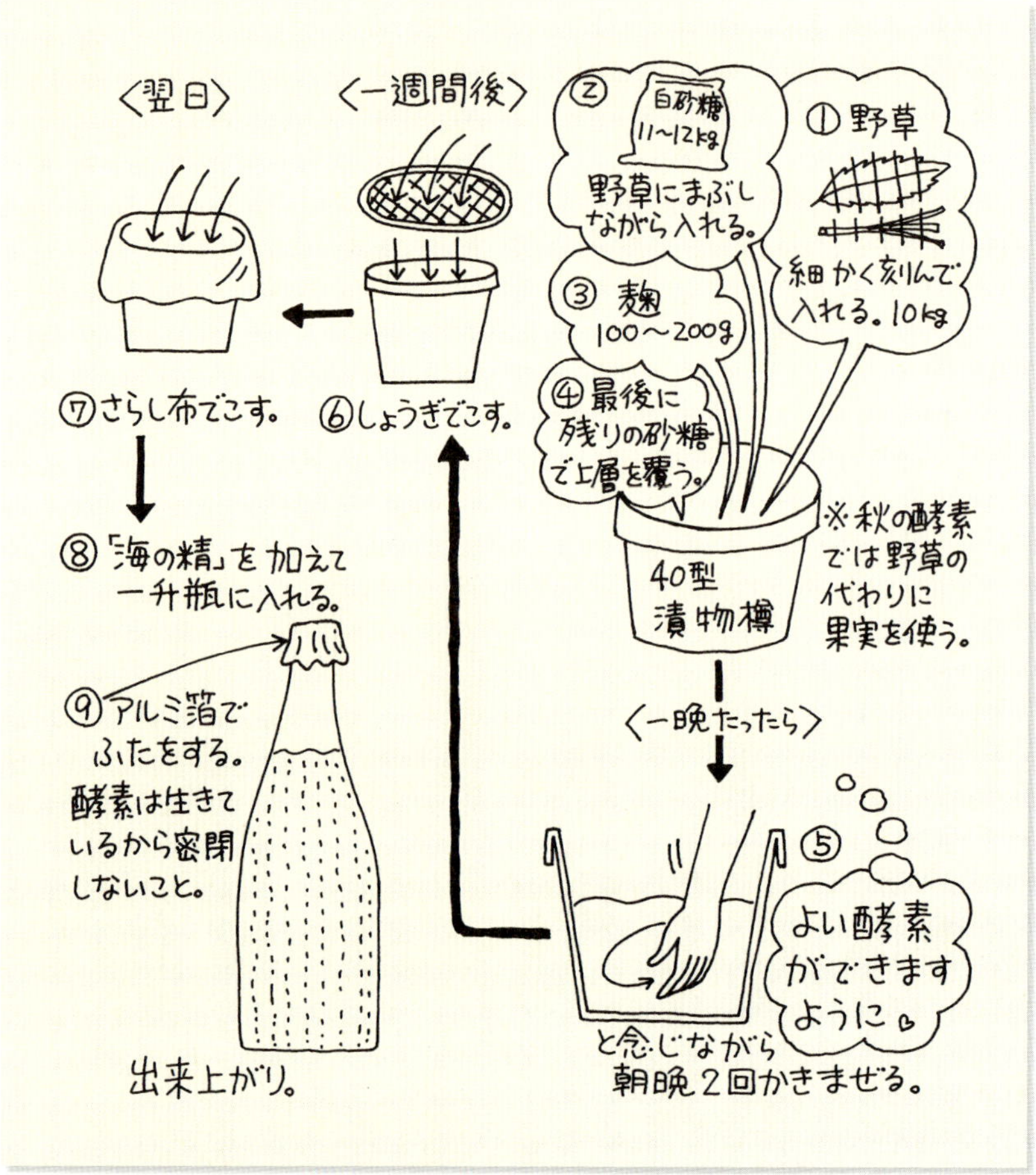

「海の精」のお問合せは、㈲十勝均整社（TEL.0155-33-5148）まで。

世界でたった一つの自分専用の健康食品

私は六年ほど前から「手づくり酵素」をつくって毎日飲んでいます。三七歳のときのことです。なんとなく疲れやすくなっていて、「何か身体にいいものはないかな」と思っていたところ、知人に「身体にとってもいいからつくらないか」と誘われたのがきっかけでした。

「手づくり酵素」には春の酵素と秋の酵素があります。彼岸から彼岸までを目安につくります。春の酵素は三月の彼岸から遅くとも五月くらいまで（ベストは四月まで）に野草でつくります。秋の酵素は秋の彼岸を目安に冬至までに秋の実りのものでつくります。

季節の材料を白砂糖で発酵させ、その抽出液を飲みます。つくるときに手でかき混ぜるのですが、このときに自分の手についている常在菌が中に入り、自分の健康のために働いてくれます。つまり、世界でたった一つの自分専用の健康食品です。安全で添加物はなく、副作用もない優れものです。家族四人分をつくるのは大変ですが、健康管理のためと美容のために続けています。

お通じがよくなり、肌もきれいになる

最初、春の酵素は野草でつくるので「味は青臭いのかな」と思っていましたが、青臭さが全然なくておいしいです。秋の酵素も同じです。

飲用によってまず一番に身体に効いてくるのはお通じがよくなることでしょうか。私はもともと野菜を多くとり、水分もたくさんとっていたので便秘はあまりしないほうですが、酵素を飲み始めてからは一日に三回くらいお通じがあります。もちろん下痢ではありません。

橳嶋好江さん

また、新陳代謝がよくなるのか汗をよくかくようになりました。だから夏はお化粧ができないようになってしまい、ここ四年くらいはお化粧は一切していません。でも、周囲で私がノーメークであることに気づく人はあまりいません。それだけ肌もきれいになったのだと思います。

私は一日に一箱タバコを吸います。タバコは血液の流れが悪くなり、身体によくないことも知っていますが、やめられません。でも、毎年の人間ドックでは悪いところが全くなく、すべて正常値です。四三歳にもなればどこか一つくらいは悪いところがあって当たり前ですが、医師が首を傾げながら「あなた本当に健康ね」「あんたは八〇、いや九〇まで生きられるかもしれない」といいます。手づくり酵素には濁った血液をさらさらにする効果があるそうです。

有り合わせ、身の回りのものでつくれる

手づくり酵素で用意するものは次の通りです。有り合わせのもので構いません。

漬物樽　四〇型（容量約40ℓ）を二個。

さらしの布　漬物樽が覆える大きさに縫ったもの。

白砂糖　一一～一二kg。二五〇〇円くらい。精製度の低い砂糖ではうまく発酵しないようです。

麹　一〇〇～二〇〇g。スーパーで売っている三〇〇円くらいのもの一袋。

しょうぎ（ザル）　樽にちょうど合う大きさのザル。

野草または果実　一〇kg。果実はすべてお店で買ったとしても一万円でお釣りがきます。

「海の精」　七二〇mℓ。海のものと山のものを両方摂取するのが健康に良いといわれます。野草・果実は山のものであるのに対し、海の精は海のものです。十勝均整社で販売（八五九〇円）。

器具・材料はあまりこだわらずに、まずは自分の身近にあるもので試してみてはいかがでしょうか。全て買うとしても三万円あれば十分だと思います。ほかの健康食品よりはるかに安くつきます。

春は野草、秋は果実でつくる

春の酵素はスギナ、ヨモギ、ユキノ

シタ、ドクダミ、タンポポ（花が咲く前のつぼみの状態のもの）、レンゲ、クローバーなど、何でもよいようです。ただし、ニラやノビルのような強い臭いのものは飲用に耐えられないので向きません。秋の酵素はリンゴ、カキ、ブドウ、イチジク、カリン、カボチャ、シイタケ、キウイ、ニンジン、マメ類、ユズ、サツマイモなど三〇品目くらいを目安に好みのものでつくります。

酵素は単品でもつくることができます。たとえば果実が手に入りにくい夏場はウメでつくれます。ウメは切り口がないと水分が出てこないので包丁で二カ所切るとよいようです。また、農家の方でブルーベリー、ナツミカン、プラム、イチゴなどを栽培しておられたら規格外のものが使えます。

野生のもののほうが酵素が強い

材料は栽培作物よりも野生のものでつくる酵素のほうが数倍もよいそうです。野生のものは誰も種子をまかないのに自然と生えてきます。この生命力がとってもよいのです。できれば休耕田のような除草剤をまかないところの草がよいです。

いろいろ歩いて探すとユキノシタがびっしり生えているところなどを見つけられます。酵素をつくるようになってからは周囲の草をよく見ておき、どこに何があるのか、探すのも楽しみになりました。

採取・仕込み後一〇日間でできあがり

ここでは春の酵素づくりを中心に紹介します。野草の採取から仕込みまでは効果が薄れないよう時間をかけないように注意します。私の場合、野草の採取にだいたい二時間、仕込みに一時間くらいです。手摘みでは時間や手間がかかるのでスギナやクローバーなどは鎌で刈り取ります。

草を摘み取ってきたら水で手早く洗います。そしてこれを五㎝くらいに刻みながら用意した漬物樽の中で白砂糖と混ぜ合わせてゆきます。このとき、夏ミカンやパイナップルなどを入れると風味づけになります。全部入れて四〇型の樽いっぱいになったところで、最後に麹一〇〇～二〇〇g入れ、一番上を砂糖で覆います。

一晩たつと刻んだ草から水分が出て砂糖と混ざり、どろどろの飴のような状態になります。これを朝晩二回かき混ぜます。「よい酵素ができますように」と思いながらかき混ぜるとよい酵素になるそうです。こうして約一週間続けたら、しょうぎでこします。この時、二つ目の漬物樽が必要になります。

さらに一晩置いたものをさらしの布でこします。これで不純物は全部取り除かれます。落ちた液体が酵素です。十勝均整社の「海の精」を入れてできあがりです。酵素は一升瓶に入れてアルミ箔でフタをします。酵素は生きていて普通の栓をすると死んでしまうので、密閉しないように注意します。一升瓶で五本くらいでき、常温で保存できます。私は人口透析用のポリタンクに保存しています。

飲用は朝・晩二回、パックもできる

できあがった酵素は朝晩二回、お猪口に二、三杯を水で薄めて飲みます。私は一〇〇㎖くらいを水と一対一くらいの割合に薄めて飲んでいます。一日に原液で二合くらいまでは飲んでもよいそうです。休日などは酵素を飲んで朝食にしてしまいます。

非常に甘く感じるので、初めての人

や甘いものが苦手な人は薄めて飲んだほうがよいでしょう。私の家族はお猪口二杯を五倍くらいの水に薄めて飲んでいます。夏は氷を入れてジュースの代わりに飲んでもいいと思います。ただし、お湯で割ると酵素が死んでしまいますので、必ず水で割ってください。

また、飲用以外の利用法もあります。お風呂に入ったときに、手づくり酵素をリンスの代わりに髪に使ったり、顔につけてパックするときれいになります。私は化粧はしませんが、クレンジングクリームで顔をふき取ってから洗顔し、手づくり酵素でパックします。以前は顔が黒く汚れていたのに、このパックをするようになってからあまり汚れなくなりました。詳しい人に聞くと酵素が汚れを食べてくれる（分解してくれる）のだそうです。たまにパックをしない日は汚れます。

手づくり酵素

白砂糖二四kg!? でも、糖尿や肥満にはならない

酵素の話をすると、「一年で白砂糖を二四kgもとったら糖尿病になったり太ったりしないか」とよく聞かれます。でも、白砂糖は発酵すると身体を太らせる糖ではなくなるそうです。だから体重も酵素を飲む前の四八kgをずっとキープしていますし、人間ドックでも糖が出たことはありません。

太ったりしないし、糖尿病にもなりませんから興味のある方はつくってみてください。便秘の人などはとくに効果があります。お通じがよくなってダイエットにもなります。味もおいしくて飲みやすいです。何より世界でただ一つの自分専用の健康食品なのですから安心です。添加物が入っていませんから安全です。いつも夏バテを起こす人などはおすすめです。ぜひつくってみてください。

現代農業二〇〇一年九月号

暑さで疲れた体に 炭酸割り酵素ジュース

奈良県平群《へぐり》町・オーガニックカフェ・イマジン●北川佳英

つくり方

①材料を水で洗って一口大に切る。

②材料の重さを量って、砂糖はその 1.1 倍を用意する。

③ 1 割の砂糖を取り分け、残りの砂糖と材料を容器に交互に入れていく。

④最後に、材料が隠れるように、取り分けていた砂糖で表面を覆う。

⑤容器のフタは緩めておくか、布や新聞紙などで覆う。

⑥毎日 1 ～ 2 回手でかき混ぜる。初めの 2 ～ 3 日は、底にたまっている砂糖を溶かすよう、上下を返すようによく混ぜる。

⑦ 1 ～ 2 週間できあがり。材料が浮いて細かい泡が表面に見える。ザルにガーゼなどの布を敷き、ゆっくりと一昼夜かけてこす。

⑧きれいに洗ったビンなどに入れ、冷暗所で保存。冷蔵庫が最適だが、冷蔵庫に入れなくても腐らない。味と色は変化する。発酵がしばらく続くので、フタはきっちり閉めない。

材料の重さの1.1倍の白砂糖といっしょにビンに入れる

1 ～2週間で酵素シロップのできあがり

飲み方・利用法

水や炭酸、豆乳で 5 ～ 7 倍に薄めて飲む。焼酎と炭酸と合わせて飲んでもおいしい。かき氷のシロップとして使う手も。ただし糖分があるので、飲みすぎに注意。原液で 1 日 60mℓを目安に。

こして残った材料は、そのまま食べたり（梅、イチゴ等）、ジャムにしたり（砂糖は要らない）、網袋に詰めてお風呂に入れて酵素風呂に。肥料にも使えるがものすごく効くので、植木鉢ならごくごく少量を載せる程度に。容器を洗った水を植物にやったりするときも 1000 倍以上に薄める。

ガーゼなどでこして残った材料は、ジャムにしたり、お風呂に入れたりしてもよい

白砂糖で？ 素手で？

二〇〇二年に奈良県平群町でオーガニックカフェ・イマジンを始め、今年で一三年になります。奈良県産有機無農薬栽培の、新鮮で素直に育った野菜を使って料理しています。

六～七年ほど前だったと思いますが、いつも不思議な情報をもって現われる息子の友人がやって来て、「酵素シロップというものをつくったので、水で薄めて飲んでみて。酵素がたっぷり摂れて体にいいよ」と、ビンに入った液体を差し出したのです。材料を切って白砂糖と混ぜ、毎日素手でかき混ぜてつくったそうです。

私と息子は、あまり飲みたくないなと思ったのを覚えています。体によい食べ物に関心がある彼が、体によくないと言われる白砂糖を使って？ しかも彼が素手でかき混ぜてつくった？ 酵素って何？……と、はてなマークでいっぱいになりました。でも恐る恐る飲んでみると、意外においしかったんです。なぜ白砂糖を使うのか、なぜ素手でかき混ぜるのか、酵素のことも説明を聞いて納得。

酵素ジュースを手にした筆者

夏は、梅や摘果ミカンで酵素ジュース

それからしばらく後に、和歌山の有田に住んでいる友達から、耕作放棄地で収穫されたミカンをどっさりもらいました。もらったはよいけれど、ご近所に配っても食べきれないし、どうしようかと考え、酵素シロップをつくってみようと思いつきました。

つくり方は息子の友人が詳しく教えてくれました。彼は、愛知県で開かれた講習会に一週間泊まり込みで参加したそうです。ミカンを酵素シロップにしてしまえば、腐る心配もなく、いつまでも飲むことができます。

お店のメニューに加えて好評

それ以降は、体によくておいしい酵素シロップづくりにはまり、季節の果物や春の野草、秋の収穫物などを材料に、いろいろつくって飲んでいます。店のメニューにも加えて好評をいただいています。分けてほしいと言われる方もおられます。叔父は、お酒を飲んだ後は原液を杯でぐいっと飲んでいるそうで、翌朝、お酒が残らず胃も快調だと言っています。

夏におすすめなのは、レモン、梅、摘果ミカンなどでつくったシロップを水や炭酸で割った酵素ジュース。酸味があってさっぱりとしていて、酵素とともにビタミンCやクエン酸も摂れるので、暑さで疲れた体にピッタリではないでしょうか。

現代農業二〇一五年八月号

植物酵素液は
人間にも作物にも、よかばい
自分だけの「手づくり酵素」

熊本県合志市●園木薫さん・淳子さん
熊本県山都町●山下邦征さん・美佐子さん
熊本県合志市●野口清隆さん

山下美佐子さん（58歳）「これからわが家の酵素をつくりまーす!」
（赤松富仁撮影、以下も）

こんだけ作物によかれば、人間にもよかばい

熊本県植木町のナス・ニガウリ農家・園木さん夫妻が植物酵素液「手づくり酵素」を知ったのは一二年前。「身体にいいから」と知人から一升ビンで譲り受けた。さっそく母ちゃんの淳子さんがコップに注ぎ、水で倍に薄め、口に含んだが「ウワッ。甘すぎて、とても飲みきれん」。そのまま台所の棚の奥にしまい込んだ。

ところが三年後、父ちゃんの薫さんが「いつぞやの酵素を出してくれ」と言い出した。ナス苗にダニがつき、芯が止まったからだ。もう生長点がやられているから、クスリをかけても仕方がない。ダメでもともと、植物酵素液を一〇〇〇倍に薄め、如雨露《じょうろ》でかけてみた。すると、何と、三日後に新しい芯が出てきた！　驚いた園木さんらは「こんだけ作物によかれば、人間にもよかばい」と、自分たちで手づくりすることにした。

肩こり、頭痛がウソのように治まった

淳子さんは以前、スイカをつくって

酵素とは、生物（植物・動物・微生物）の体の中で起こるあらゆる化学反応を進めたり、制御したりする働きをする触媒物質（タンパク質であることが多い）のこと。酵母菌などの微生物によって起こる発酵も、直接的には酵素が作用している。だが、農家が手づくりしたり、食品や農業資材として販売されたりしている「酵素」は、科学的な意味の酵素だけでなく、発酵生成物全体を指すことが多いようだ。

植物酵素液は作物にも身体にもいい。左から野口清隆さん（76歳）、園木薫さん（59歳）、淳子さん（55歳）

いたときから体調に不安を感じていた。春の交配時期は朝三時に起き、トンネルの中で一日しゃがみ仕事。ときどき天井パイプに中腰のままぶら下がって背筋を伸ばす。昼は気にならないのに夜中の二時ごろ、ちょっと寝返りを打っただけで腰と膝に激痛が走り、目が覚める。しまいには寝るのが怖くなり、毎晩十二時まで起きていた。夏の収穫時期は一個六kg前後のスイカが一万玉。畑が道よりも下にあるぶん、トラックの荷台まで抱え上げなければならない。

　トンネルが連棟ハウスに、スイカがナスとニガウリに替わって下半身の痛みは和らいだが、肩こりがひどく、頭痛に悩まされた。それが毎日、朝食前にコップ一杯、植物酵素液を飲むようになってからは、ウソのように治まった。

こんだけ身体にいいなら手づくりしよう

　手づくり酵素は北海道帯広市の整体師・河村文雄さん（六二歳）がみずからの慢性肝炎を治すために編み出し、それが全国に広がったもの。いろいろな旬の植物などを、発酵菌と一緒に白砂糖に漬け込んで発酵・熟成させた植物酵素液だ。

　淳子さんは、この植物酵素液を飲むと身体の疲れが早くとれ、風邪が早く治り、傷口に塗れば早く癒えた。通いつめていた病院も定期健診だけになった。お通じがよくなり、肌もツルンツルン。そこで「こんだけ人間によかれば、作物にもよかばい」と、もっとたくさん使ってみることにした。手づくりだから、おカネも気にならない。園木さんの場合、素材は六～七月に大量に出るニガウリの規格外が使える。

節間が詰まり、葉が厚くなり、実にツヤ

　ナスはセンチュウ対策に土壌消毒剤を処理して一カ月後の八月上旬に定植したら、植物酵素液を週一回ずつ、一〇〇〇倍で殺虫剤に混ぜて散布する。これで節間が詰まり、葉が小さく厚くなり、実にツヤが出る。曇天が続いても新芽や腋芽の伸びが鈍らない。植物酵素液のベタベタが虫の気門を塞ぐのか、殺虫剤の効きもよくなる。

　園木さんのほかにも「効いた」という農家は少なくない。「トマトは茎の途中、散布を始めた時点から上が急に太くなった」「キュウリは節間が普通

園木薫さんのナス。台風にやられて1カ月たっていないのに、芯に勢いがある

なら伸びてしまう八節以降でも詰まったまま」「イネは苗にかけると追肥しなくても色落ちせず、ズングリと丸みを帯び、根がらみもよくなる」「お茶にかけると、新芽の伸びが早くなり、厚みが増し、そろいがよくなる」などなど。

自分の常在菌だから自分に効果的な植物酵素液

熊本県では山都町のイネ種モミ生産農家・山下邦征さん・美佐子さんが最初に手づくり酵素に取り組み始めた。仕込み・発酵・熟成法は次のページ、つくり方のポイントは次の通り。

旬の素材を多種類　素材はその土地、その時期、その農家でもっともふんだんに手に入るものを主にする。ただし、一種類の酵素には一種類の働きしかないので、副素材は少量ずつ多種類を加え、さまざまな働きをもたせるようにする。

美佐子さんは「家の周りに何が生えているかわかるようになった。それも楽しい」という。

春につくり、秋につくる　おおまかには、春につくって夏に使う酵素は身体を冷まし、秋につくって冬に使う酵素は身体を温める。これは作物も同じで、「春の酵素」は伸長を促し、暑熱害を和らげ、「秋の酵素」は蓄積を促し、寒冷害を和らげる。ただし、厳密なものではなく、夏にウメでつくってもいい。

自分の常在菌で発酵　美佐子さんは「いちばん大切なのは途中、自分の素手でかき混ぜ、付着している常在菌で

手づくり酵素の素材と材料

上は山下さんの秋の酵素づくり素材（根菜・果実・穀類）と材料（赤松富仁撮影、以下同じ）
※春の素材はヨモギ、タンポポ、ウド、セリ、コンフリー、フキなどの野草、チモシー、クローバー、オーチャードなどの牧草、サクラ、ヤナギ、カシワ、ササ、タラの芽などの新芽・新葉

手づくり酵素の仕込み

旬の素材を新鮮なうちに切る（かたいものは細かく）

常温の薄暗い場所に静置。ゴミやホコリが入らないよう軽くフタをする

素材10kgに対し、発酵菌1袋、白砂糖11kgをよく混ぜ合わせる

手づくり酵素の発酵・熟成

毎日1回、素手でかき混ぜながら、5～7日間発酵・熟成させる

ザルにあけたり、ネットで吊るして荒搾り。ゴミが入らないようナイロン袋をかぶせる

ザルの上にガーゼやさらしを敷いて本搾り。澄んだエキスになる

エキス10～12ℓに対し、海の精1本（720mℓ）を加え、よく混ぜる

1～2ℓ入りの容器に詰める。栓は緩めるなどして、密閉しない

冷暗所で保管。飲用の目安は朝・夕30ccずつを好みの量の水で割る

（「手作り酵素の元　海の精」パンフレットより）

発酵させること」という。常在菌は人それぞれで違うから、できあがる酵素も人それぞれ。それがその人にとってもっとも効果的な酵素になっている。

陸のものに海のもの　旬の素材を発酵させてつくった「陸の精」には、最後に「海の精」を混ぜる。海のものを混ぜるのは、陸のものだけでは補いきれない成分を加えたいから。とりわけ酵素の働きを補うミネラル分やアミノ酸に富んでいる。

活きた酵素が安価に手軽に、甘くても安心

邦征さんは「手づくり酵素のいいところは酵素が活きていること」という。人間用の市販酵素は食品衛生法の関係で加熱殺菌されていることが多く、それでかなりの酵素が失活している。農業用であっても、さらに発酵が進んで容器が破損したり、中身が変質したり

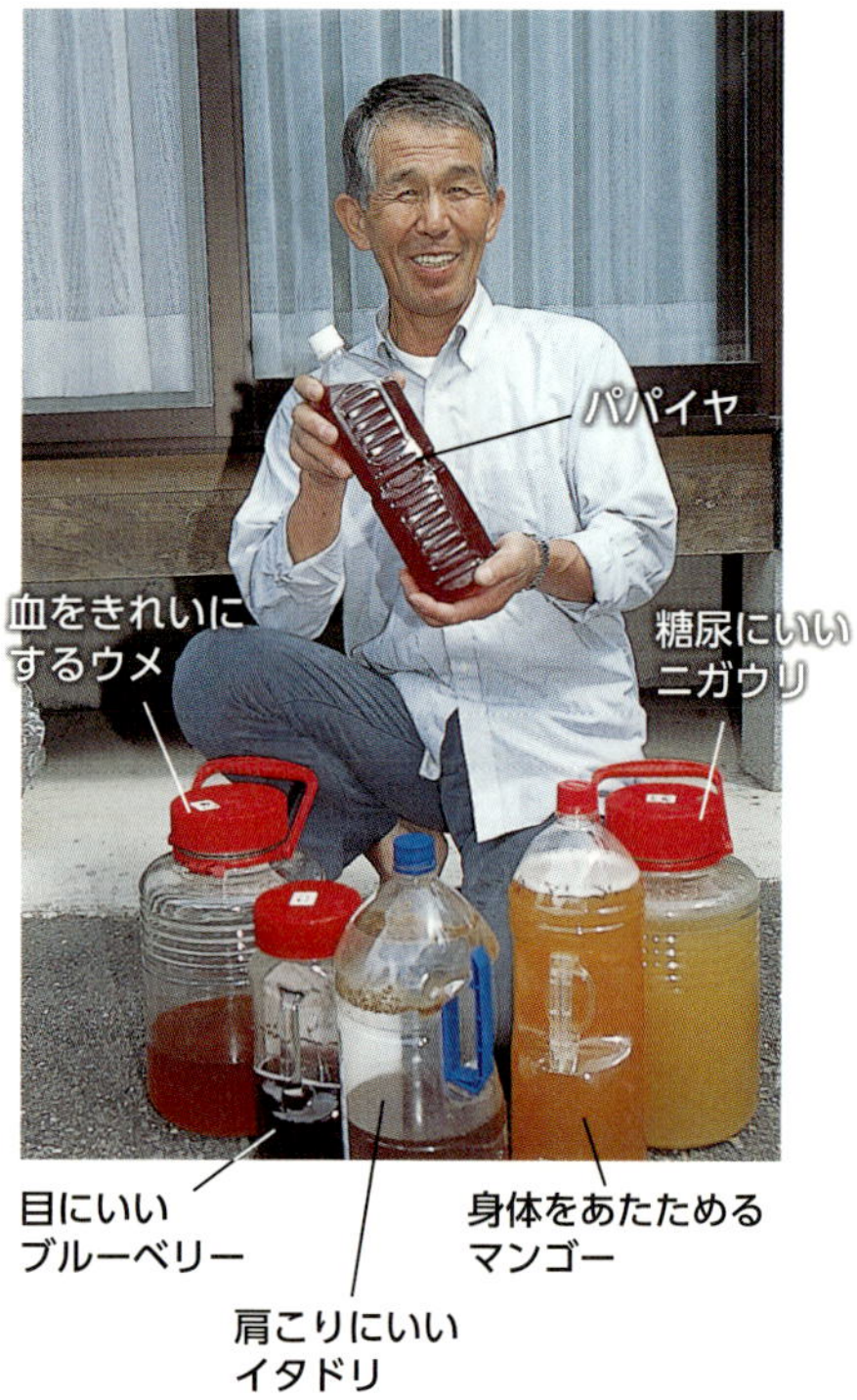

山下邦征さん（63歳）が常備する素材別手づくり酵素

しないよう、何かしら酵素の活性を抑える手立てが施してある。

当然ながら、手づくりだから安い。山下さんは手づくり酵素を年間一〇〇ℓくらいつくる。経費は発酵菌（ケルプ一〇個）が二万五〇〇〇円、白砂糖が一一〇kgで一万六五〇〇円、海のもの（海の精一〇本）が八万九五〇〇円だから、ぜんぶで一三万一〇〇〇円。飲用・散布濃度を考慮しても、市販酵素より相当安いはず。

人間用も作物用も同じものだから利用に融通が利く。たとえば山下さんは、上のほうの澄んだところを人間用に使っていき、下のほうに残っていく濁ったところを作物用に使う。作物用はかなり薄めて使うので不足することはない。

毎朝コップ一杯飲んでも太らない

しかし、手づくり酵素の初心者にとって、いちばん気にかかるのが、この甘み。人間用は倍に薄めるとはいえ、毎朝コップ一杯ずつ飲み続けたら、太ってしまうんじゃないか？　作物用は一〇〇〇倍に薄めるとはいえ、甘いニオイでかえって害虫が寄ってくるんじゃないか？

しかし、邦征さんは「発酵でショ糖がブドウ糖に変わっているから大丈夫。ショ糖は太るがブドウ糖は太らない。ショ糖は虫のエサになるが、ブドウ糖はエサにならない」という。甘みが苦手な人は、塩を少し加えると飲みやすい。春の酵素は野草類が多いのでややクスリくさいが、一〜二年熟成させると気にならなくなる。

農家ならば植物酵素液を自給できる

合志市の野口清隆さんはもと市販酵素の営業マン。現役を退いたとはいえ、今でも園木さんや山下さんなど、付き合いのある農家に酵素資材を販売している。にもかかわらず、作物用に手づくり酵素をすすめてまわるのは、市販酵素に引けをとらない、いや、それ以上の効果を認めているからだ。

野口さんは「とりあえず、マニュアル通りにやれば、誰でも失敗せず、早く確実につくれる」という。しかし農業用に限れば、素材、発酵菌、砂糖、海のものを農家が自給できるもので代用したり、ほかの方法でまかなえないわけではない。たとえば「上手に発酵させる自信があれば発酵菌は必要ないし、必ずしも白砂糖でなくてもいい」という。

黒砂糖は精製度が低く、浸透圧が低い分、抽出が遅くなったり、雑菌も繁殖しやすいが、つくれないわけではない。もしも酒造りのように穀類（デンプン）をこうじや麦芽で糖化すれば（これも酵素の働き）砂糖も必要ない。素材は一度に多種類そろわないからといって買ったりせず、それぞれタダで手に入ったときにつくり、あとで混ぜてもいい。

「海のものも必ずしも海の精でなくていい。コンブやワカメなどの海藻類、魚のアラなどが手に入るのなら、それを手づくり酵素にして使えばいい」という。陸のものと別につくって最後に混ぜてもいいし、最初から混ぜてつくっても構わない（海の精のように濃縮されていないので、なるべく海のものを多くする。できれば海と陸とで七対三くらいの割合がいいらしい）。

ただし、素材はなるべくなら酵素の多い状態・時期を選んだほうがいい。たとえば果実は皮をむかない。太陽の光が当たって代謝が進むのか、「酵素は実と皮の間のところに多く含まれる」（皮ばかりでつくってもいい）からだ。また、穀類は仕込みの前日から水に浸しておく。発芽にともなう酵素を働かせるためだ。

さらに、あえて果実を未熟な状態で、たとえばカキはピンポン玉くらいのときに、ウメはツヤが出てきたばかりの小さいときに使う手もある。「果実は糖化が進む前が、もっとも糖化酵素を高濃度に含んでいる」からだ。

農薬で弱くなった微生物の働きを酵素で補う

野口さんは「酵素は作物に直接利用されるわけではない」という。そもそも酵素は分子が大きすぎて吸収できない。葉面散布で光合成が促されるのは、おもに分子の小さいブドウ糖が吸収されるからだろう。酵素は土壌中の有機物を微生物や作物が利用しやすい形に変える。それで活性化した微生物は、さらに有機物を作物にとって利用しやすい形に変えたり、土壌病害を抑えたりする。

酵素による生成物、微生物による分泌物はアミノ酸など肥料分のほか、ホルモンなどの生理活性物質も含み、作物に供給されるのだろう。野口さんおすすめの手づくり酵素の作物への使い方は次の通り（いずれも葉面散布）。

イネ　一二〇〇倍に希釈。育苗期に発根促進で播種後半月くらい、芽が三cm伸びたときに一回、田植え直前に一回、田植え一週間後に分けつ促進で一回、田植え二カ月後の幼穂形成期に穂の充実に一回。

果菜　一〇〇〇倍に希釈。スイカやメロンでは育苗期に一回、以降、着果棒を立てるたび、玉肥大に一回ずつ。キュウリやトマト、ナスは育苗期に一回、収穫が始まったから一〇日おきに一回ずつ。なお、酵素で養分吸収がよくなるので、肥料切れに注意する。

葉菜　一二〇〇倍に希釈。ハクサイやキャベツは結球が始まったときに一回。ホウレンソウは本葉三～四枚のときに一回。

果樹　一〇〇〇倍に希釈。使用目安はとくにない。山下さんはカキで八月中旬の摘果のときに一回、殺虫剤に混ぜて散布している（玉肥りがよくなる）。

野口さんは「酵素は生命ではなく、触媒だから農薬の影響を受けない。今の農地は農薬で微生物が弱くなっている。その働きを補ってやるのが酵素だ」という。

※発酵菌・海の精など、手づくり酵素に関するお問い合わせは㈲十勝均整社（TEL〇一五五―三三―五一四八）まで

現代農業二〇〇七年三月号

イースト発酵で薬効高まる
冬の野草は根のドリンク

熊本県熊本市・崇城大学●村上光太郎

ドクダミの根ドリンク

野草をそのまま食べても、調理して食べても、加工して食べても、程度の差はあるが、体に取り込まれると何らかの作用を表わすことになります。ただ、胃の具合や腸の調子で吸収の程度は異なります。

ところがそれを発酵させてつくった液を服用すると、アルコールの作用も加わり吸収が非常によくなって、効果が明瞭になります。

冬に向かうときには、手に入った野草を発酵させて、健康ドリンクをつくってみてはいかがでしょうか。

今からでも遅くない！ 強壮・解毒、そしておいしい ドクダミの根酒

42ページの記事をご覧になって、初夏にドクダミの発酵酒をつくられた人もおられるでしょう。「間に合わなかった」と思っている人も、これからつくることは可能です。ただ、旺盛な緑の葉っぱでつくることはできませんね。

しかし、夏にドクダミが繁っていたところに行ってみてください。そこにはドクダミの地上部が枯れているのを見ることができるでしょう。いや日当たりのよい場所では、ひょっとしたら小さな新芽が見られるところもあるでしょう。でも、枯れかけた茎や小さな新芽を集めるのは大変だし、それではドクダミ酒はつくれません。

その土地を少し掘り返してみてくだ

白く丸く太った根っこがいっぱい！
これを使おう

初夏にはこんな花が咲いていたところの
地下を掘ると…

冬の野草は根に注目！
酵母菌の力を借りれば
薬効も高まりますよ

筆者（黒澤義教撮影）

さい。ドクダミの根は特徴があります。白く丸く太っており、根には一～二cmおきに薄茶色を帯びた皮がついているのですぐに他の根と区別できます。ドクダミの根を採るというと大変なようですが、実際ドクダミが生えていたところを掘ってみると、その根が非常に多くあるのに驚かされます。

　根を採集したら、きれいに洗って、地上部でつくったと同じように刻んでジューサーにかけます。ハチミツを五分の一から六分の一ほど混合し、イースト菌（パン用酵母、ドライイースト）を混ぜて発酵させると、おいしいドクダミの根酒をつくることができます。混合したら部屋の暖かい所に置いて、二～三カ月熟成させてください。リンゴ酒と間違えるような美味なお酒ができあがります。

　ドクダミは、根のお酒も地上部と同様、強壮効果をはじめ、解毒効果もあり、何よりもおいしいお酒として服用いただけます。初夏につくり忘れた人も、冬に向かう時期につくって飲めば、元気で春を迎えることができます。

冬に葉があるもの、それはアカマツ
松葉サイダー

　冬の時期に葉のあるものといえば、アカマツがあります。マツバの発酵酒は、別に冬につくらなければならないものではありませんが、つくれるので挑戦してみてください。ただ温度が低いので、日当たりのよい、日だまりのようなところにおいて発酵を促進してください。

　まず、一升ビンに砂糖一〇〇g入れ、刻んだマツバを入れます。量は、ビンの中にどんどん入りにくくなるまで入れます。その後はイースト菌を入れ、水を八分目まで入れ、あとはじっくり待つだけです。途中、布でこして、さらに発酵させる方法もありますが、マツバを除かず、飲みきるまで入れておくほうが効果がよいように思います。

若返りの妙薬
さあこれから第三の人生を！
アマドコロ根の濁酒

　庭の隅に植えていたアマドコロも掘ってみましょう。思った以上に多くの根茎が採れると思います。皮を剥いたらその皮は唐揚げにしたり、刻んでハンバーグ状にしたりします。皮を除いた根茎のほうは、そのまま短冊状に切り、わさび醤油か酢みそで食べるのもよいでしょう。すりおろして、だしで割って、とろろ芋のようにご飯にかけて食べるのもおいしいものです。

アマドコロ

こんなおいしいものを、なんでわざわざ発酵させるのかと怒られそうですが、すりおろした根茎にハチミツを五分の一量程度加え、イースト菌を混ぜて二カ月ぐらいすると、一風変わった濁り酒ができます。強壮強精効果もあり、シミ・ソバカスをなくし、気力をつけてくれます。

このお酒を飲んで、「さあこれから第三の人生を」と八〇歳代の老人ががんばっておられます。そんな年齢になると、視力も記憶力も低下して、手足などももつれやすくなるものだ、とあきらめている方、アマドコロの濁り酒を飲み続けて若返りましょう。

左はナルコユリの根、右がアマドコロの根。どちらも同じ薬効で、同じように美味だが、ナルコユリの根はゴツゴツしており皮を剥きにくいという点で、アマドコロのほうが使いやすい（黒澤義教撮影）

血流・冷え性改善、関節痛・筋肉痛、視力・記憶力にまで卓効

セキショウの根酒

しかし、もっと積極的に変化を望む人は、谷川にあるセキショウの根茎を採集し、これをミキサーでドロドロにし、二～三割の水と同量のハチミツを加えてよくかき混ぜ、イースト菌を加えて発酵させます。発酵しにくいので少しイースト菌の量を多めにしてください。

二カ月ぐらいから味見をして、おいしそうになれば服用を始めてください。お玉で押し付けるようにして、水気の部分をすくい取り、布で濾過したものを服用。血流がよくなり冷え性が治るとともに、関節や筋肉の痛みを和らげ、視力や記憶力を回復してくれます。

生のセキショウが手に入らない人は、石菖根を薬局で購入し、小さく刻んで五倍量の水で炊き出し、三倍量程度まで煮詰めてから五分の一量のハチミツを加え、冷えてからイースト菌を入れ発酵させて、セキショウ酒をつくるのもよいでしょう。

セキショウ

とっておき！誰でもできる健康回復

ヤマノイモもお酒に

「そんな難しい材料は手に入らないよ」といわれる人に、最後に絶対入手できる材料を紹介します。ヤマノイモです。

「そのまま食べたほうがおいしいよー」などといわずに、すりおろしたヤマノイモにハチミツ五分の一程度加え、イースト菌を混ぜてやはり二カ月ぐらいすると濁り酒ができます。強壮強精効果があり、素敵な飲みものです。

現代農業二〇〇六年十二月号

第4章

素材のうまさに自信あり
農家の自慢ジュース

雪下ニンジンジュース（80p）

クレメンティンジュース
「セニョリータ陽子」（87p）

トマトジュース（100p）

イタドリジュース（108p）

センイ入り、とろっとした雪下ニンジンジュースが人気

新潟県津南町●宮崎綾子

うちの「雪下にんじんジュース」。左から、ニンジン果汁のみ、繊維入りの国産冷凍レモン添加(1ℓ 1230円)、繊維入りの国産無農薬レモン添加(360mℓ 620円)

「ジュースはないの?」

日本でも有数の豪雪地帯・新潟県津南町で、七年前から雪下ニンジンをつくっています。雪下ニンジンとは、七月下旬から八月上旬に播種し、秋に収穫せず、そのまま畑で越冬させたニンジンです。雪の下におくことでニンジン臭さがなくなり、甘み、香り、旨味が増します。津南に春を告げる野菜のひとつです。

雪下ニンジンをつくって三年目、出荷先のスーパーから「ジュースはつくってないの?」と言われたのがきっかけで、雪下ニンジンジュースの委託加工と販売を始めました。

その委託先の最低ロットは「原料で五〇〇kg」でした。とても自分たちで売り切る自信はなく、正直、恐る恐るつくったのですが、周囲の反応はとてもよく、意外にも秋までにほぼ売れてしまいました。

始めてみると、ハネ出しニンジンが処理できることと、お客様にアピールできる商品が増えることが大きなメリットだと感じました。いずれは自分たちで加工までしていきたいと考えるようになりました。それには原料第一においしい野菜をつくり、収穫後の保存にも気を配らなくてはならないと痛感しています。

筆者(左から2番目)と家族

実際に飲んで決めた、うちの委託ジュース三種

現在うちのジュースはすべて委託加工で、三種類あります(カッコ内は委託先)。

A　ニンジン+国産冷凍レモン+クエン酸　一ℓ(小池手造り農産加工所)

B　ニンジン+国産無農薬レモン+クエン酸　三六〇mℓ(川場村農産加工)

C　ニンジンのみ　三二〇mℓ(三里塚

雪の下からほぼ手作業で掘った「雪下ニンジン」。収穫は3月中旬から4月中旬。品種は「はまべに」「ひとみ」

物産）

以前は町内のジュース会社に委託していましたが、事情があって、より自分たちの理想に近いジュースをつくるべく、二年前に新たな委託先を探しました。

この間、いろいろなところに問い合わせました。あるところは最低ロットが二〇ｔで、「二ｔの原料でつくりたい」と言ったところ「二ｔくらいなら機械に入れただけでなくなってしまうよ」といわれてしまいました。ネットでも手当たり次第に取り寄せては飲んでみました。七、八種類のジュースを飲んだでしょうか。その中の六社に問い合わせをし、五社に試作をお願いし、今の三社になりました。

とろっとしたジュースで歩留まりがよくなる

うちのジュースのAとBはニンジンの繊維がたっぷり入った、とろっとしたジュースにしてもらっています。理由は、一つには歩留まりをよくすること。繊維を捨ててしまうと、ただでさえミカンやリンゴに比べて悪いニンジンジュースの歩留まりが、よけい悪くなってしまいます。廃棄物の量も増えます。二つめは大手ジュースメーカーのよくあるニンジンミックスジュースとの差別化。三つめは繊維が健康によいということです。

Cのジュースは繊維が入っていないタイプで、一〇〇％ニンジンのみです。レモンやクエン酸が入っていないので賞味期限が二カ月と短く、大量にはつくれませんが、四〇kgから対応してくれます。ニンジンが大好物のうちの娘はこのニンジンだけのジュースがいちばん好きです。

同じ原料でも製品は同じにはなりません。製法も各社によって異なります。最終的に選んだポイントは味と信頼性です。自分たちの納得のいくジュースができあがり、昨年参加した農文協「読者のつどい」の加工講座では、参加者持ち寄りの加工品品評会で、味部門「うまいで賞」の第一位に選んでいただきました。

「身体にいいものを」と人気

販売先は雪下ニンジンを取引している八百屋、共同購入グループ、地元の直売所などです。卸だけに頼らずに直売にも力を入れていこうとホームページも立ち上げました。

購入してくださる方は年齢が比較的高いように思います。「ガンにニンジンがいい」という記事があったらしく、「身体にいいものを」と気をつけている方や病後の方、また贈答用としても注文をいただいています。個人的には妊娠中の方や母乳をあげているお母さん、赤ちゃんの離乳食としてもぜひおすすめしたいです。

今年のジュースは二～二・五ｔのニンジンでつくる予定です。一八〇mlのサイズが加わり、四種類販売の予定です。

ホームページ「はらんなか」
www.harannaka.jimdo.com

現代農業二〇一二年五月号

農家のジュースが大人気

うちのメロン、トマト 飲んでや！ 食べてや！

高知県香南市・ベジフルッタ●森岡多絵さん・西内さおりさん

ジュース1杯分のメロンを見せる森岡多絵さん。メロン4分の1個と氷をミキサーにかける（＊以外は赤松富仁撮影）

今日はメロンデー

海の見える国道沿いの農産物直売所「やすらぎ市」には県外からもたくさんの人が訪れる。その入り口右脇にジュースタンド「ベジフルッタ」がある。

お母さんが直売所に入ってくるなり「つくっちょって。メロン一つね」とベジフルッタに声をかけ、それから野菜などの買い物を始める。どうやら常連さんのようだ。買い物が終わって帰るときにジュースを受け取るのが、このお母さんのいつもの買い方らしい。そのあとも見ていると、ぜいたくにメロンを四分の一個も使った、一杯五〇〇円のメロンジュースが次々と売れていく。

「今日はメロンデーやね」

そう話すのは、森岡多絵さん。そう、ここはメロン農家の森岡さんとトマト農家の西内さおりさんが運営するジュースタンド。この店で、メロンジュースだけで春には一日二〇杯、夏には一日三〇杯ほど、ジュースぜんぶ合わせれば、一日一〇〇杯以上が売れる。

つくるだけじゃ、いかんがや！

多絵さんはご主人の健児さんとその両親とでメロンを七六aつくる農家。JA土佐香美の夜須メロン部一七名の中でも、一、二を争うほどの大面積をこなす。産地一丸となっておいしいメロンをつくっているんだという自負があったという。

だが六年ほど前、多絵さんは愕然とする。

「となりの南国市のスーパーにメロンやトマトの販売促進に行ったときに、『夜須にメロン産地があるのか』って言われて。驚いて家に帰って旦那に言ったの。『うちのメロン、誰も知らんでー。もっと宣伝していかなぁ、産地がつぶれる』って」

そんなときだった。今の直売所が新築移転するにあたってテナント募集をしていた。多絵さんはさっそくJAの女性部の仲間に声をかける。「メロンつくるだけじゃいかんがや。もっと知ってもらわんと。自分らで加工して売らん？」。賛同したのがトマト農家の西内さんだった。知名度が低いのはトマトも同様で、西内さんも多絵さんと同じ思いをもっていた。

二人は「せっかく売るなら、野菜や果物のことを勉強しなきゃ」とそろって野菜ソムリエの資格をとる。そして保健所で一日講習を受けて「食品衛生責任者資格」をとり、その後「飲食店営業許可」も受けて、「ベジフルッタ」をスタートさせた。

農家ならではの素材一〇〇%ジュース

ベジフルッタのジュースは基本的に品目を混ぜない。素材そのままのおいしさを知ってもらいたいからだ。メロンジュースなら氷を入れただけのメロン一〇〇%。そしていつも同じ味を楽しんでもらえるように工夫している。たとえば、メロンは毎朝一玉一玉糖度を測っている。そして甘すぎるメロンには氷を多めに入れてみたり、甘みの少ないメロンと混ぜてみたり…。

そしてジュースはシーズン限定。たとえばメロンを冷凍保存すればジュースは年中売れるが、メロンがとれないときにはやらない。メロンがとれるシーズンにメロンジュースを売るからこそ、ジュースがきっかけになってメロン自体も売れる。メロンがとれない九月、十月は、近くでとれるゴーヤーやハウスミカンのジュースを出す。

農産物直売所「やすらぎ市」の入り口右脇に見えるのが森岡さんたちのジューススタンド。春のこの時期のジュースメニューは、エメラルドメロン、フルーツトマト、土佐文旦、イチゴヨーグルト、ゴーヤーバナナミルク、アロエヨーグルトなど。1杯300 ～ 500円（＊）

森岡さんのハウスで、エメラルドメロンジュースとご主人の健児さんと。このハウスは奥行きが100mあり、800玉が育っていた

キズものメロン一個が二〇〇〇円になる

ジューススタンドを始めて六年。市場に出すと買い叩かれるキズものが活かせるようになった。かつては一個が五〇〇円くらいになってしまったが、今は直売所に出せば一五〇〇円くらいに、ジュースにすれば二〇〇〇円になるようになった。そして、「エメラルドメロン」の名が浸透し始めたのだろう、部会のメロン自体の価格も上がってきた。

ますますうまいメロンづくりに励む多絵さん、今朝もいつものようにジューススタンドで一玉一玉メロンの糖度を測り、「今日のは糖度あんまりないでぇ！」と健児さんにハッパをかける。

現代農業二〇一二年五月号

畑の野菜をジュースでどうぞ

うちのお店は“健康飲み屋”

大分県玖珠町●小田道子さん

ジュース販売歴一七年

カウンターのある個人直売所で野菜ジュースを売るのは、小田道子さん。平成七年から始めたというから、ジュース販売のベテランだ。

道子さんの店は大分自動車道の高塚インターの前にある。土産物店や飲食店などが立ち並ぶ中のこぢんまりした店だ。表には野菜や加工品が並べられている。

搾りたての青汁と小田道子さん。生で飲むからケールは無農薬。とくに虫が増える夏のケールには防虫ネットをかけて対応

店内に入ると、道子さんがカウンターの向こうでニッコリ。壁にはメニューを手書きした貼り紙がペタペタ。一見飲み屋のように見えるが、もちろんお酒は出てこない。

「うちはお客さんに健康になって帰ってもらう、ノンアルコールの飲み屋ですから」

そう話す道子さんは、ご主人の頼彦さんと夏秋トマトやシイタケをつくる農家。畑仕事をしながら、毎日午前十時から午後二時頃（日曜は午後四時頃まで）の間だけ店に立つ。

お客さんはインターの近くにある高塚愛宕地蔵尊への参拝客が多く、常連客がほとんどだという。

長持ちする低速回転ジューサー

道子さんがこの店を始めたのは、店舗が空いているから使わないかとすすめられたのがきっかけ。「仕入れはしないで、畑でとれたものを売るなら何とかやっていけるかも」と、友人のアドバイスで野菜ジュースを売ることに決めた。営業許可は保健所の提案で「飲食店営業」をとり、食品衛生責任者の資格もとった。

「商売なんてしたことがなかったから、もちろん不安でしたよ。でも、家にいても誰もお金持ってきてくれませんからね」

なお、商売道具のジューサーは現在、低速回転式のジューサーを使う。これまでは何度も買い換えた。最初に買った一万円くらいの高速回転式のものはどれも数カ月しかもたなかった。モーター部分が熱を持つからだという。平成十四年に今のジューサーにしてからは、ずっと現役だ。

「二本の歯車をゆっくりかみ合わせて搾るんで、熱をもたないんですよ。当時で一三万円ぐらいしたけど、ジュースとカスが別に出るから掃除もラクでいいですよ」

お店の三大人気ジュース

お店で搾るジュースの材料は、リンゴとレモン以外すべて道子さんの畑でとれたもの。中でも、ニンジンとケールは一年中とれる。道子さんの畑は標高が五〇〇mあり、真夏でも育つのだ。

お店の三大人気ジュースを聞いた。

▼黒豆スーパードリンク

人気No.1は「黒豆スーパードリンク」。名前に「スーパー」をつけたほど、道子さんの自信作。いわゆる黒豆煮とその煮汁で、それを冷凍保存しておき、一年中売る。黒豆ブームのせいか、とくに女性に人気だそうだ。万が一の不作のときのために、ジュースに使う一年分の黒豆を余分に保存してあるほど。メニューの貼り紙にもNo.1の文字が光る。

▼ニンジンミックスジュース

「No.2なんてかわいそうだから、あえて書かないの」と、道子さんが愛してやまないのが「ニンジンミックスジュース」。飲みやすくするためにリンゴとレモンを加えているものの、掘りたてのニンジンをまるごと使ったぜいたくなジュース。

▼緑黄色野菜ジュース

なぜか男性に人気なのが「緑黄色野菜ジュース」だそうだ。ケールにニンジン、リンゴ、レモンを加え、さらにそのとき畑でとれたパセリやコマツナなども加えた、野菜不足解消ジュース。

このほかにもオリジナルメニューが目白押し。そのほとんどが一杯三〇〇円。これらが常連客を惹きつけている。道子さんによると、「おいしいとまた来てくれる。それがグー」。

現代農業二〇一二年五月号

冷凍した黒豆スーパードリンク

秋にとれた黒豆を圧力鍋でやわらかく炊き、その豆と煮汁に黒ゴマと黒砂糖を加え、一人分のカップに詰めてたくさん冷凍してある。注文を受けたらこれを電子レンジで解凍し、ミキサーにかければ完成

ニンジンミックスジュース

ニンジンは収穫してから時間がたつほど水分が飛び、くさみも増すので、前日夜か当日朝の掘りたてをジューサーで搾る。大きいニンジンなら1本から3杯のジュースがとれることもある

お客さんの目の前でつくる オレンジジュース

神奈川県小田原市●八木下浩正

スターバックスがヒント

僕がジューススタンドをオープンしてからもう七年が過ぎます。一瞬のような、もっとずっと長い間やっているような気もします。

ミカン農家の長男として生まれ、大学卒業後、アメリカへ農業研修へ行きました。「日本へ帰ったらもうミカンづくりしかない人生だ、なんかイヤだなあ」とモヤモヤする気持ちがずっとどこかにありました。しかし、ホストファーザーの一言が僕を変えたのです。

――You can do anything you want！

（お前のやりたいことは、何でもできるんだよ）

それからはアイデアがどんどん浮かんできて、自分の将来について書いたノートが八冊にもなりました。

そのアイデアの一つがジューススタンド「ファーマーズカフェ」です。

もともと僕はわが家のカンキツ直売所を見て「観光客の多い七～八月に品

揃えが悪い」と思っていました。子どもの頃は売れない果実を山に捨てに行く仕事を任されていて「見かけが少し悪いだけで捨てるのはもったいない」と感じていました。

アメリカではちょうどスターバックス（コーヒーストア）の人気が出てきた頃です。「うちにはミカンがいっぱいあるからスタンド形式でジュースを販売できたらなあ」と思ったのです。

飲むとお客さんの顔が変わる 一〇〇%ジュース

現在、うちでは三三品種ほどのカンキツがありますが、四〜五品種ずつ順繰りに店頭に並びます。そのうちのキズものなどをジュースにし、一杯三一五円（約三七〇cc）で売っています。

青果を仕入れてジュースをつくるところは一杯につき青果を五個ぐらい使ってあとは水で薄める場合もありますが、僕のつくるジュースは一杯に一〇〜三〇個の青果を使います。これを飲むとお客さんの顔が変わります。また、ゴールデンオレンジなどは千疋屋で六〇〇円もするので、知ってる人は傷果といえども高級感をもってくれます。

夏は甘夏やバレンシアぐらいしかありませんが、ジュースのために樹を増やしています。青果だけだと物足りなくても、ジュースがあれば直売所は賑わいます。

ジューススタンド「ファーマーズカフェ」（ホームページはwww.emikanya.com）

青果の売り上げも伸びた！

ジュースのつくり方は品種によってそれぞれ違います。ユズや甘夏など皮に香りのあるものは、皮ごとジュースにするため、業務用の強力なジューサーを使います。ゆっくりまわすと苦みが出てしまうので、一瞬でジュースにするのがコツです。それから、バレンシアオレンジなど果肉と果汁の多いものは皮を入れずに、純粋に中身の味を楽しみます。

ジューサーをお客さんの目の前でまわすととても喜んでくれます。香りも漂うので、客寄せにもなります。

おかげで生果の売り上げも毎年伸びています。生果だけを売っているときは、お客さんの年齢層が高かったのですが、ジュースを販売するようになってから若いカップルも増えました。「おばあちゃんにミカンを送ろうかなあ」と言いながら、買ってくれます。

現代農業二〇〇八年一月号

筆者

食べるよりおいしい カンキツの クレメンティンジュース

佐賀県太良町●田島彰一

クレメンティンのジュース

クレメンティンジュース「セニョリータ陽子」

甘い香りのクレメンティンジュース

「皮をむいて食べるよりおいしい」完熟「クレメンティン」一〇〇%のジュース「セニョリータ陽子」は、糖度一三度以上で、豪州高級ホテルの朝食の味と評判になった。「日本経済新聞」の「夏のお取り寄せジュースランキング」で一位にもなっているカンキツジュースである。

「食べるよりおいしいジュース」、これがクレメンティンジュースを表現するには最もふさわしい言い方かもしれない。クレメンティンジュースの「セニョリータ陽子」(七二〇㎖、二〇〇〇円前後)は、酸味の弱い、甘い香りのジュースなので、子どもから大人まで誰でもおいしく飲んでもらえるものになっている。

私は、佐賀県太良町で柑橘園を営んできたのだが、クレメンティンの香りに惚れて、栽培に挑戦した。クレメンティンは、糖度が一三度以上、最も高いものでは一六度にもなる。甘い香りが特徴である。搾ってみると、おいしい。むいて食べるよりおいしい不思議なカンキツだった。

これならどこのカンキツジュースにも勝てる、そう思っていたときに、日本経済新聞社から、お宅のジュースが「夏のお取り寄せジュースランキング」で№1に選ばれたので、写真をお願いしますと電話があった。ジュース加工を始めて二年目だった。ありがたいやら嬉しいやらで、新聞に載った日は、その日のうちに完売。おかげでほかのジュースもすぐに売り切れになった。

法人化して加工に取り組む

農産加工を取り組むにあたっては、法人化していないと補助金申請は簡単ではないとのアドバイスを受けて、友人の協力を受けて、合同会社「田島柑橘園&加工所」を立ち上げた。二〇一二年のことである。その甲斐あって、いくつかの補助事業の認可をいただくことができた。合同会社の立上げにお力添えいただいた皆さんには、大変感謝している。おかげで、「何とか楽しく農業ができている」。そして「農業は、消費者の皆さんに喜んでもらって、なんぼの世界」と思いつつ、日々励んでいる。

クレメンティンの果実

クレメンティンとの出合い

▼外国の品種をテスト栽培

現在の田島柑橘園&加工所では、カンキツ類クレメンティンの作付けは一七〇aとなっている。佐賀県の果樹試験場を卒業した年、初めてカンキツ類の価格が暴落した。その当時は一kg三〇円でも大丈夫だといっていたが、さすがにそれが現実となると、誰もが慌てた。私たち佐賀県の果樹試験場を卒業したメンバーも、何とかしたいと果樹試験場から外国の品種一〇種類をわけてもらい、太良町の三か所で試験栽培を始めた。そのなかに、小さいけれど香りのよいクレメンティンがあった。ちなみに、このクレメンティンを気に入ったのは私だけだった。そこで、そのとき果樹試験場にあった五種類のクレメンティンを譲ってもらい、テスト栽培を開始した。

▼一番のお気に入りだったが…

五種類のなかで一番気に入ったのが、「クレメンティン・ド・ヌーレス」という品種だった。色は赤くないが、大きくて、種子も少ない。種子のないものも多い。香りもいい系統であった。糖度も、毎年一三度以上で、年による変動がなく安定していた。当時はそもそもカンキツ類が少ないうえに、この品種は食べるのにほとんど種もなく気にならなかった。

その後、市場でも高値で売れていたときに、突然のウイロイドのカンキツエクソコーティス病が発生したため、全部切ることになってしまった。

▼スペイン大使館を訪ねる

その後も、クレメンティンは忘れがたく、家内と二人、ヨーロッパのカンキツやミカンの食べ歩きをした。

パリ、ロンドンでは大きいクレメンティンばかりで、おいしくなかった。ところが、マドリードのメルカド（スペイン語で市場の意）で食べたクレメンティンは、おいしくて、すぐ食べてしまった。このときの味は、自分でつくっていたものと同じ味がして懐かしく、忘れがたいものだった。

これはもう一度クレメンティンにチャレンジしたいものだと思うようになった。帰国してすぐに、東京のスペイン大使館を訪ねた。これがスペインとの、クレメンティンを通じての交流の始まりとなった。このときから、クレメンティンをめぐる奇跡の連続が始まった。

▼スペインとの交流

私は一〇回ほどスペインを訪問している。スペインから日本への来訪は、一二回を超える。スペインの柑橘苗木協同組合「AVASA」のマネージャーであるリャステル氏との交流も多い。リャステル氏はわが家ばかりでなく、茨城県つくば市にある農研機構果樹研究所、その支場である興津、口之津のほか、佐賀県農業試験場などを何回も訪ねて、スペインとの交流も確実に進んでいる。

カンキツ類をめぐる交流以外にも、イベリコ豚の生ハム、オリーブ（オイル）、ワイン、ジュースの勉強にスペインへ行っている。今後も交流を広げたいものだと思う。「交流なくしてわが家なし」と思っているからでもある。

日本市場のクレメンティンは、チリなどから輸入されている。品質も少しずつ向上しているように思える。スペインでは、日本の温州ミカンと同じで、極早生から晩生まで多くの品種が生まれている。いつも多くの品種を食べさせてもらっているが、私たち日本人が好む香りをもつもののなかから、色・大きさ・糖度などを考慮して導入しなければならない。また、リャステル氏がマネージャーを務めるAVASAには、世界中から集めたカンキツが、台木の強弱により五系統で試作されている。

田島柑橘園での栽培

十五年間ほど、園内には除草剤を散布していない。減農薬に挑戦している。また完熟で収穫しているので、まろやかな味になっている気がする。今後も少しずつお客さんに喜んでもらえるカンキツやミカンに挑戦したい。

ただ、いまの問題は、カミキリムシとカイガラムシである。毎年改植をする本数が増えてきている。何かいい方法はないかと思案するこのごろである。何かいい知恵のある方は、ぜひご教示いただきたいと思う。

おいしく搾れるジューサー

▼シトラスジューサーを普及

スペインのリャステル氏を初めて訪ねたとき、ホテルでも家でもおいしいジュースをいただいた。どんな道具で搾っているかを尋ねたところ、見せてもらったのが、ブラウンのシトラスジューサーだった。

優れたジューサーだと思ったので、これを日本でも普及させたいと思いブラウン社に掛け合った結果、私の住む太良町の皆さんを中心に原価で提供できることになった。太良町には太良町シトラス会が結成され、二五〇台ほど売れたと思う。

今でも、シトラスジューサーを導入した地元のホテルでは、おいしいジュースを提供してくれると、宿泊客に喜ばれている。

▼搾る工程が見えるジューサー

その後、夫婦で訪ねたときのこと、自分たちが結婚式を挙げた国営ホテルに泊めてくれたのだが、そのホテルの朝食で、カンキツを搾る工程を見ることができるジューサーに出合った。搾る過程を見るのはおもしろいし、ジュースもおいしい。このジューサーは、日本にも販売代理店があることがわかったのでさっそく電話した。まずは、中古を買ってテストしてみた。当時はまだ販売許可がなかったので、無料のジュース試飲ということで提供したところ、これが評判になった。あとで気付いたのだが、なんと、「むいて食べるよりおいしい」ジュースができる不思議なジューサーだった。現在、このジューサーを八台導入している。

▼大型カンキツも搾れる改良機

ただ、このジューサーにも欠点がある。伊予カン、甘夏、「清見」「デコポン」など、大きいカンキツがおいしく搾れないのである。ミカンの2S、一番味が濃い3Sサイズも搾れない。

田島柑橘園のジューサーが新聞や雑誌など紹介されたことからＰＲ効果が出てきたのか、ジューサーが売れ始めた。ジューサーが売れたことから、大型カンキツは搾れないという欠点を補うためのジューサー開発に、芝浦自販機が取り組んでくれた。試作機の一号機、二号機と改良が続き、三号機目でいよいよ完成し、販売に至った。現在二台が田島柑橘園にある。これでどんな大きさのミカンもおいしく搾れるようになった。

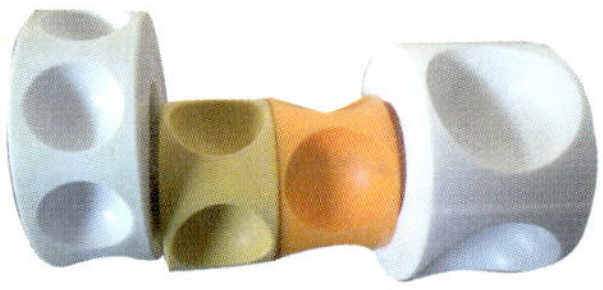
スペインのZUMEX社製のジューサー（左）と搾汁部分の部品（右）。カンキツの大きさを4階級に分けて搾汁する。4種類の部品を矢印の部分に組み込み使い分けることで特大、大、中、小に仕分けて搾れる

現在一六種のジュースを販売している。

二〇一三年から、いままでのジュースよりもさらにおいしくて、酵素もいっぱいの健康ジュースを目指して、「冷凍ジュース」の製造・販売を始めた。六次産業化の補助事業の認定をもらい、搾りたてで、細胞を傷めないプロトン凍結法によるジュース製造を採用した。おかげさまで、味のよさが伝わり、佐賀・長崎・福岡などの農家からの委託が増えてきた。

ジュースの製造工程

製造工程を図（左ページ）に示す。原料となるクレメンティンは、減農薬栽培（カンキツ全部）である。八月以降は、まったく農薬は散布しない。防腐剤や除草剤は使わず低農薬・減農薬栽培を行なっている。カンキツは完熟するのを待ち、おいしくなってから収穫する。

搾汁に使うジューサーは、スペインのＺＵＭＥＸ（ズーメックス）社製のジューサーと、日本の芝浦自販機製のジューサーを四台使って同時に行なう。

大きさごとに四階級に分けて搾汁する。まだ搾れる状態で皮はジューサーから出てくる。四台のジューサーで同時に搾った果汁はブレンドして味の統一をはかる。このジューサーは、持ち運びが簡単にできるので、イベント販売などでも好評である。

殺菌は蒸気二重釜で二回行なう。二回ともに、殺菌温度は八五℃で一五分間である。加熱し始めると、七〇℃付近であくが一番出やすくなる。あく取りはていねいに十分に行なうこと。

びんに充填して打栓したあと、二回目の加熱殺菌を行なう。前と同様に八五℃一五分間である。香りのない温州ミカンなどは、二回の加熱に負けて新鮮さが失われるが、香りのあるカンキツとブレンドすることで、加熱殺菌に負けない味となる。

加熱後は冷却する。放熱されたとこ

ろで、びんを拭いて、キャップシールを熱着させる。

キャップシールしたものを保管する。注文に応じて保管庫から搬出し、出荷直前にラベルを貼る。

製造作業は一クルーで、一日六五～八五本、一日の果実二tくらいがジュースになる。大玉なら三tほどになる。

課題とこれからの展望

スペインとは、品種の交流はもちろん、栽培技術の交流、そして最も肝心な人との交流も深めて、お互いに元気を出せるようになりたいと思っている。

二〇一六年は、極早生のクレメンティンを導入できた。そこで、大学や試験場、県、町、観光協会などと一緒に今後の勉強と交流をはかりたいと思っている。

これを機にわが町と姉妹提携ができれば、将来に明かりがともるであろうと考えている。

さらに、今年はアロマウォーターの開発や「太宰早生ワイン」に挑戦する予定である。

食品加工総覧 第五巻 (二〇一六年記)

クレメンティンジュースの製造工程

《原料と仕上がり量》
原料：果実量1日で2～3t
仕上がり量：1クルーでジュース65～85本

工程	内容
完熟のクレメンティン	おいしくなってから収穫する
搾汁	ジューサー4台で同時に(3～5台) ジューサーはスペインのZUMEX社製、芝浦自販機社製 大きさごとに4階級に分けて。 まだ搾れる状態で皮は除去される
ブレンド	4台のジューサーの果汁をブレンドして統一した味にする
加熱殺菌(前殺菌)	85℃15分、蒸気二重釜
あく取り	70℃付近で一番出やすくなるので十分に取る
充填	
打栓	
加熱殺菌(後殺菌)	85℃15分
冷却	
キャップシール	替栓付きキャップにシュリンクをシールする
保管	
ラベル貼り	出荷直前に貼る

ハウス三〇棟、大玉・中玉・ミニトマト

品種の多様さが生み出す トマトジュース加工

北海道余市町●馬場 亮

塩分〇・一%で トマトジュースにコク

なんといっても、トマトの品種が多様であることは、ほかにない私どものトマトジュースの特徴といえる。製造レシピとの関係からみた味の特徴は、私どものジュースは塩分を〇・一%だけ入れている点にある。時により無塩ジュースのリクエストもあるので、一二〇本を引き取りのみでお受けしている。

トマトには多くのアミノ酸が含まれる。とくにグルタミン酸やイノシン酸などは有名で、そこに塩分が加わるとグルタミン酸ナトリウムとなり、それだけでいわゆる「味の素」の原料の味となる。つまり、少量の塩分を加えることで、トマトのアミノ酸が旨味成分に変わり、ジュースにコクが生まれるという理屈である。そんな理由からわが家のジュースは、当初から〇・一%の有塩ジュースにこだわっている。

施設園芸、とりわけトマトの栽培を始めたのは、私が二十二歳のとき（私は一九五九年生まれ）、一九八一年のことだった。その前年には地域にトマト共同育苗施設がつくられることになり、「山田町トマト生産組合」も設立されていた。当時、ハウス三棟、一〇aから始まったトマト栽培は、現在三五年目になり、ハウスも三〇棟、一haになっている。二〇一六年の栽培の内訳は、大玉トマト四棟、中玉トマト四棟、ミニトマト二一棟、ピーマン一棟となっている。

トマト品種の多様化と ジュース加工

▼旭光からハウス桃太郎へ

トマト栽培を始めたころは、「旭光」という品種で酸味が強いものだった。当時は全量を農協共撰で出荷した。その後、一九八五年にタキイ種苗から「桃太郎」が発売されると、当地も、あっという間に桃太郎一色に変わった。数年して「ハウス桃太郎」の出現により、農協共撰では、「スーパー桃太郎」として大々的に作付けを始めた。

しかし、「ハウス桃太郎」の栽培では、作付け三年目ごろから萎凋病、立枯れが出始め、ハウスの三分の一ほどが枯れてしまった。一時は、トマトづくりも無理かと思うほどの状況だった。

▼萎凋病抵抗性の桃太郎エイトへ

このときたまたま千葉県の園芸試験場からピーマンのバイラス土壌菌の研究にあたっていた研究者の来訪があり、萎凋病菌の同定をしてもらうことができた。その結果萎凋病バイラスJ_2と判明したのである。ちょうど病原菌が同

各種のトマトジュース（1,000mℓ入り）

定された当時に、運よく、このバイラスJ$_2$に抵抗性のある品種の「桃太郎エイト」が開発された。「桃太郎エイト」の出現に救われた思いだった。一九九六年ころのことである。

▼市場の盆休みで出荷できないトマトでつくったジュースが評判に

そのころから、ハウス内の土壌のことを強く意識するようになった。基肥も完全有機質のものに替え、堆肥も三年間切り返して雑草が生えるものを少量入れていた。「桃太郎エイト」を始めてから、斜め誘引の長期多段どりを始めた。当地の場合、二月中旬播種、四月中下旬定植で十月末まで、一三段ほどの収穫となる。連続して収穫できるのはよいのだが、真夏の八月は盆休みで市場が三日間は休みになり出荷も止まってしまう。

一日、一・五t、三日で四t以上のトマトが、行き場もなく廃棄となってしまった。そこで、当農協にあったリンゴの加工施設を使って、希望者だけでトマトの委託加工が始まった。最初は、ただ「もったいない」の一心で、生産量も一ℓ入りびんで八〇本ほどだった。もちろん、ジュースの販売先もなく、親戚や知人に配って終わりという状況だった。

しかし、このときのトマトジュースが大評判となり、次の年は一八〇本、三年目には三〇〇本以上をびん詰するほどになった。こうして本格的なジュースの販売が始まった。以来、年々増えて今では、一万本ほどになっている。

▼農協共撰から個撰出荷へ

一九八八年、私が結婚したころには、ハウス二三棟、八〇aほどになっていた。そのころも全量農協出荷だったが、施す肥料も有機にこだわり、灌水も散水チューブから点滴チューブに替わると、トマトの糖度にもこだわるようになった。

今でこそトレイサビリティ、製造物責任は当たり前となり、出荷段ボールには出荷番号ではなく、生産者のフルネームが印刷されているが、二〇年前の当時はそうした表記は一切なかった。そこで、思い切って農協共撰をやめ、こだわりの個撰出荷に変えたのである。一九九九年には、現在のようなハウス三〇棟の規模になり、トマト品種も大玉、中玉、ミニトマトとバリエーションも増えた。

トマトジュースの製造

▼全量を委託加工、秋トマトは冷凍貯蔵して冬に加工

トマトジュースの製造は、ほぼ九〇%近くをJA新おたる（仁木町）に委託加工してもらっている。地元でもジュース加工を委託する先は三社ほどあるが、一度に扱う量の関係やJA新おたるが大きい加工施設をもっていることもあり、JAで委託加工をしてもらうことになった。秋までに四～五tのトマトの加工をしてもらう。

中玉赤の主力品種シンディースイート
酸と糖度のバランスがすばらしく、完熟出荷が可能。完熟するほど糖度がのり、食味がよくなる。私は水切り栽培で通常より2度高い糖度9 ～ 10度にする。ハウス5棟で栽培

ただ、秋になると、リンゴやブドウ、プルーンのジュース加工が最盛期となる関係で、トマトは扱ってもらえない。冬になればＪＡの加工施設でも余裕が出るというので、それまでの間、秋収穫のトマトはマイナス四〇℃瞬間冷凍施設をもつ株式会社阿部冷蔵で冷凍貯蔵してもらうことにした。この冷凍貯蔵分が三ｔくらいになるから、年間では七～八ｔ以上をトマトジュースに加工している計算になる。ＪＡ新おたるとの月々の加工取引が一〇〇万円前後になってきたことから、今ではＪＡの株をもつ准組合員にもなっている。

基本的な製造工程を図に示す。冒頭にも述べたとおり、〇・一％の塩の添加が特徴の一つである。

▼お客さんのリクエストで作付品種も多様化

わが家のトマト品種導入は、バイヤーさんからの提案であったり、仲買いの問屋さんからの紹介であったり、また料理教室の先生の依頼だったりと、すべてお客さんからのリクエストで決めてきたものばかりである。

トマトジュースの製造工程

《原料と仕上がり量》
原料：トマト100kg，塩は仕上がり量の0.1％
仕上がり量：大玉トマト100kgなら85kg，
ミニトマト100kgなら79～80kg

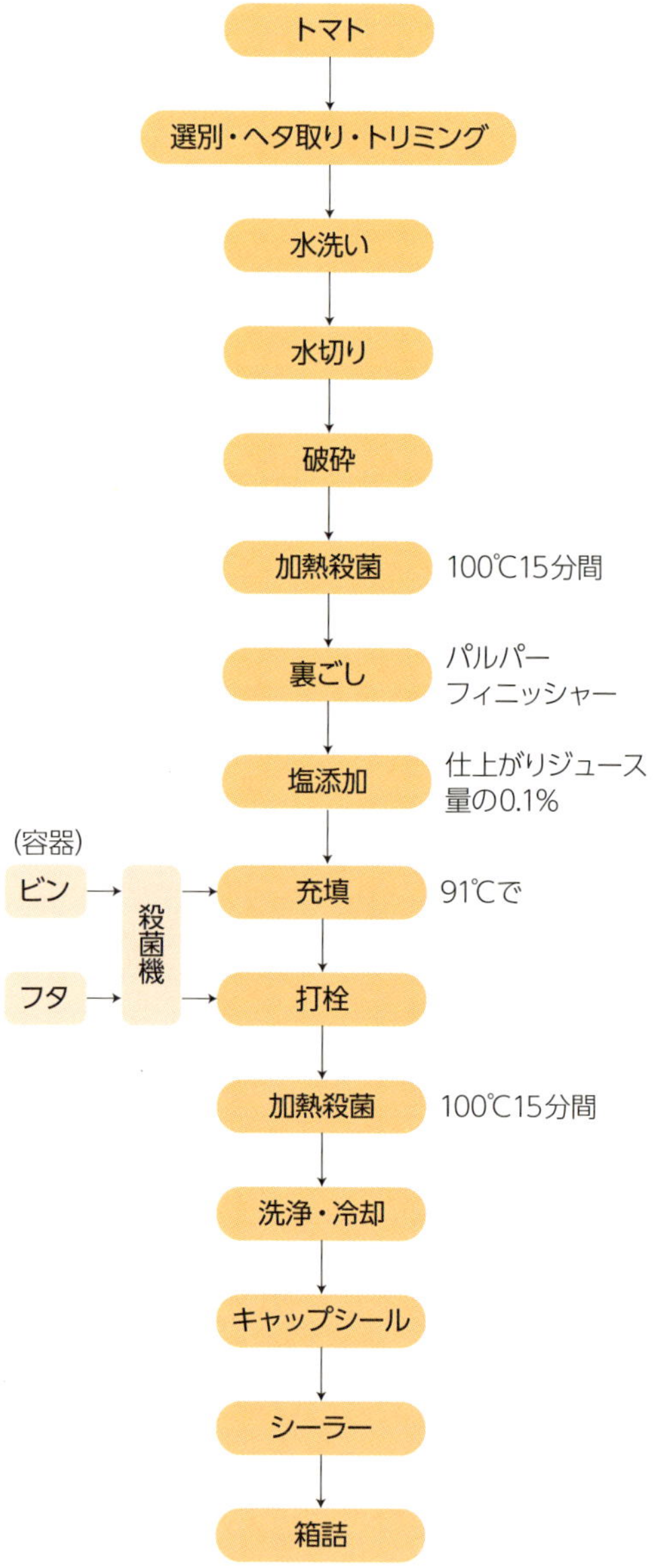

「マウロの地中海トマト」販売
数種類の品種を1パックに入れて販売
（協力：イトーヨーカ堂）

「マウロのトマト」荷姿
上：品種はピンキー。皮が薄く、つやがありサクランボのような印象なので「さくらんぼトマト」と名付けて販売
中：品種は「ロッソナポリタン」。箱ごと店頭に並べるため、箱には栽培法と品種名が記されている
下：品種は「みどりちゃん」。2016年から2棟で栽培

農協共撰から離れて三年ほどして、中玉トマト「シンディースイート」の栽培依頼があった。まだ中玉トマトの認知が低いころであり、まずは三棟から始めたが、三年目には九棟になった。

ところが、この品種は全国で栽培されるに至り、こだわりの栽培でも価格が暴落したため、八月出荷の半分をジュース加工に回している。こうしてシンディースイートのジュースができあがるのである。このように、トマトジュースづくりのきっかけは、「もったいない」の精神からだった。

ハウスの棟数も増えると、点滴チューブを導入したときの縁で、パイオニアエコサイエンス株式会社との繋がりから、「マウロのトマトシリーズ」の栽培が始まった。イタリア人の育種家マウロ氏が開発したトマト品種について、栽培から販売まで一貫して取り組むプロジェクトである。それが札幌のバイヤーの目にとまり、本格栽培となった。

「ピッコラカナリア」は、オレンジ色のミニトマトで、酸味が少なく糖度高く、濃厚なので、はじめて飲んだ人はカボチャのジュースと間違えるほどである。反対に「トスカーナバイオレット」は酸味もあり、糖度もそこそこで飲みやすいのだが、色が赤でもなく、紫でもなく微妙な色合いで、さっぱり売れなかったため、今は販売していない。ただ、トマト品種のなかでは、唯一アントシアニンを含有していることで、健康志向のお客さんには評判ではあった。

トマトの栽培へのこだわり

私たち農家は、「口から食べて健康」が信条である。「健康な農作物を食べることで、健康な体を維持する」ということなのだが、それには健康な土から健康なトマトをつくることに尽きる。

ミニトマト３種

シシリアンルージュ。リコピンとアミノ酸の含有量が多く生食からソースまで用途は幅広い。やや大味だが，シシリアンルージュとロッソナポリタンを7：3の割合でソースにすると絶品。栽培は2棟

トスカーナバイオレット。果実はブドウ色。ジュースではブドウ色までにならないが，トマトで初のアントシアニン含有品種。リコピン（リコペン）だけでない健康機能性をもつ。酸味が強め。栽培はハウス3棟で1800本（2016年度実績）

ピッコラカナリア。きれいなオレンジ色の定番品種。酸味が少なく，非常に甘く子どもに人気。糖度15度になることも。皮が硬くて棚もちがいい。ジュースが絶品。栽培は7棟

これは萎凋病の経験を待つまでもない。では、健康な土とは何かと考え、八年ほど前から酵素と菌体による自然農法に至った。前年のトマトの残渣は排出せずに、ハンマーモアにかけて粉砕し、酵素で処理してひと冬雪の下におく。前年のトマトが今年のトマトを育てることになる。

私に自然農法を指導してくれた「唐津農法」（酵素堆肥と野草発酵液肥などを利用する微生物農法）の唐津忠寿先生（長崎県島原市）は、病気のトマトもハウスから出さない。「来年のトマトのワクチンになります」との教えである。なるほど目からウロコが落ちる思いだった。

今年でトマトづくり三五年になるが、「トスカーナバイオレット」以外はすべて、接ぎ木をしない自根苗である。夏場に枯れてしまうようなトマトもなくなった。

前年、またその前年のトマトの根がハウスを耕してくれるので、春先に雪が融けるころのハウスの土は、ふかふかになっている。基肥には、完全有機肥料と菌体肥料を使い、それを耕起のあと、トマトを植えるうねにまく。

今後の課題と展望

そんなトマトは、おかげさまで味と日持ちは皆さまの評価をいただいている。今では、ジュースのほかに、「ピッコラカナリア」や「トスカーナバイオレット」のジャムも試作している。

また、「シシリアンルージュ」でつくる「絶品トマト鍋」など、ますます加工品のバリエーションは広がっている。「トマト鍋」は、水を一切使わずに原料のトマトの水分だけで煮込むもの。イベント会場へ専用トラックで食材となるトマトと煮込み鍋を持ち込み、その場で味わってもらえるようにした。たいへん好評でテレビでも紹介された。

夏場のトマトはマイナス四〇℃の瞬間冷凍で貯蔵し、冬場にジュースなどに加工するが、原料となるトマトは足りない状況だ。「もったいない」の思いがますます広がり、思いを同じくする近隣農家と相共に成長できればと考えている。地域が盛り上がり、お客さんが健康で喜んでいただければ生産者冥利に尽きる。今後ともお付合いいただき、ともども発展できることを願っている。

食品加工総覧　第五巻（二〇一六年記）

赤ちゃんが哺乳ビンで飲める「しぼりトマト」のジュース

福島県玉山村●こぶしの里（穂積俊一さん）

超節水栽培「しぼりトマト」のジュース。1ℓ 1890円（黒澤義教撮影）

▼直売所が原料を買い取り委託加工

福島県玉川村では、トマト栽培が盛んで、永田農法による超節水栽培も行なわれている。五月の連休頃には最高で糖度一五度にもなり、道の駅「こぶしの里」でも、「しぼりトマト」という商品名で大変な人気だ。

しかし、梅雨に入ると糖度が下がるので、実を処分してしまう農家もいるのだとか。「大変もったいない」と考えた「こぶしの里」所長の穂積俊一さんは、規格外品なども含めて三～十一月のトマトを買い取り、トマトジュースに委託加工している。

生産者は五名。それぞれ味がちがうので、生産者ごとに分けて加工し、ラベルには名前を表示している。

▼赤い沈澱物にリコピンたっぷり

加工品開発にあたっては、近くにある福島空港で試飲してもらったり、しぼりトマトのお客さんたちからさまざまな要望を聞き取ったりした。そのときの意見に「このトマトを赤ちゃんにも飲ませたいから、哺乳瓶に入れて飲めるものがほしい」というものもあり、試行錯誤しながら三年半かけて開発したのが、この透明なトマトジュースだ。

透明な部分もトマトの味で、ビンの下に溜まった赤い沈澱物にはリコピンが豊富に含まれる。手でふると混ざって全体が赤くなるが、その状態でも哺乳瓶の吸い口を通るので、赤ちゃんにも飲ませてあげられる。ホテルやレストランの料理人にも好評だ。

現代農業二〇一四年九月号

トマトジュースが分離するのはなぜ？

一般に、トマトジュースの加工では、いかに分離させずに赤い状態を保つかが技術のポイントだが、この商品はそれを逆手にとって「透明」で差別化している。

細かいつくり方は企業秘密だが、遠心分離機で皮とタネと果肉に含まれる繊維分をすべて除去してつくるそうで、取り除かれたものはジャムの原料として加工する。家庭でやるなら、粗いガーゼの袋に入れて手で搾れば、同じように透明なジュースを抽出できるそうだ。

ところで、普通に裏ごし機で搾ったトマトジュースも、時間が立つと分離して、透明な液と沈澱物に分かれる。これは、食物繊維の一種であるペクチンが酵素（ペクチナーゼ）の働きで分解されてとろみを失ったり、搾ったときに、繊維分が空気を抱き込んで浮き上がってくるからと考えられる。

これを防ぐには、搾る前に熱を加えて酵素の活性を抑えること（70℃以上あったほうがいい）と、搾ったあとにしっかり煮込んでジュースの中の空気を送り出すことがポイントのようだ。

編集部・協力：元神奈川県農業総研・小清水正美

おろし金で皮もタネも まるごとトマトジュース

戸倉江里（写真と文）●宮崎県日向市・田の原直売所（代表・安藤るみ子さん）

平日にもかかわらず、生産者とお客さんが入れ替わり立ち替わり。市街地からも住宅地からも離れた静かな山里の直売所へ、たくさんの人が足を運ぶ。

代表の安藤るみ子さんが一輪車に野菜を載せ、この地で自身の野菜を販売しはじめたのは、二〇年ほど前。その後、旦那さんが木材を集め、親戚一同で建物を手づくりし、少しずつ大きくしてきたという。

水っぽいトマトがおいしい!?

現在、一五〇人ほどの出荷者がいるという田の原直売所。商品は、ほとんどが近くの農家の野菜や加工品。どうしても収穫時期が重なり、売れ残りが出てしまう。

「売れ残ると野菜も農家もかわいそう。野菜も農家もお客さんもみんな幸せなのがいいでしょ。だからなんで売れ残るのか、どうやったら売れるかをすごく考えるんです」と、るみ子さん。

直売所に伺ったのは七月一日。トマトがたくさん集まる時期だ。形がきれいで張りのあるトマトはすぐに売れるが、形が悪かったり小さなトマトは売れ残る。食べると、味も水っぽかったり……。

そこでるみ子さん、出荷者にふだんはどうやって食べているかを聞いてみることにした。教えてもらった食べ方の一つが、皮のままおろし金ですりおろしてジュースにする方法。皮も果肉もタネも、残さず飲めて、意外にも水っぽいトマトのほうがおいしいようだった。「これなら大丈夫!」と確信を得た。

ジュース用にとたくさん購入

「おろし金でおろしたジュースを飲んだことはある?」

お客さんが来ると実際にジュースをつくって試飲をしてもらう。ジュース一杯につき、使うトマトは三～五個。この日、レジに立っていた河野美穂香さんは「塩をちょっと入れるとまたおいしいよ!」とひとつまみ。飲み終わったお客さんは、トマトを両手で抱えるほど買っていった。

「はじめは四～五個買って帰ろうと思

一番左が安藤るみ子さん。出荷者と直売所の仲間達と

直売所の湧き水でさっとトマトを洗って、おろし金で皮ごとおろす。泡だらけにならず、おいしく飲める

田の原直売所

っていたお客さんが、ジュース用にとたくさん買おうと思うみたい」

大玉トマトの出荷者は五人いるが、るみ子さんたちは、それらのトマトを実際に買って食べ、味に応じてお客さんに食べ方や飲み方を案内する。予約注文で事前に売り切れるトマトもあれば、一袋二〇〇円で並べるトマトも。出荷者のなかには、キズものなどをコンテナで大量に持ってくる人もいるので、それは詰め放題二〇〇円で販売。

「あらかじめ袋詰めして、二〇〇円で売るのとはちょっとちがう。同じ二〇〇円でも、形が悪かったりキズがあると、クレームがついたりするでしょ？ でも、ジュースにするから少々形が悪くても問題ない、とお客さんが自分で目的をもって選べば、クレームもつかないし売れ残りもでない」

「キズものだから、水っぽいから売れないのは仕方ない」ではなく、それに見合った食べ方や売り方が必ずある――。かんたんにあきらめない探究心と、「みんなが幸せに」というるみ子さんの想いが、売れ残るはずのトマトを主役に変える秘訣のようだ。

現代農業二〇一四年九月号

カコちゃんの **教えて! 小池さん**

カコちゃん

おいしいトマトジュースは**生食用トマト**を使って、加熱は二回

長野県飯田市・小池手造り農産加工所●小池芳子さん

今度のトマトブームは本物!?

んもー、夏になってカコちゃんも大忙しよ。急に暑くなったから畑のトマトが一気に赤らんできてさー。生じゃとても食べきれる量じゃないのよ。で、今日は小池さんはトマトってどう加工してんのかしら、と思って来たのよ。

「トマトはジュースとケチャップにしているよ。トマトの加工品も今後伸びてゆくと思うよ。今、トマトって売れる時代になってきている」

なんでそう感じるの?

「トマトは生よりも加熱したほうがリコピン（リコペン）がたくさんとれるってテレビでいっているらしいんだよ。加熱すると細胞壁が壊されてリコピンがより吸収されやすくなるし、カサも減るからたくさん食べられるしね。

そのテレビの効果か、サラダみたいに生で食べるよりも、ジュースやケチャップとか加熱された加工品のほうがいいっていう流れがあるみたい」

トマトブームが起きてるのね。

「そう。でも、今度のトマトは、今までの健康ブームとはまた違う感じがするよ。健康食品としてちゃんと定着しそうな気配だね。うちのトマトジュースやケチャップを卸しているお店からの注文も去年から落ちないからね。消費も伸びてるんじゃないかな」

トマトがおつかいものになる時代

「実際、私のところにトマトを持ってくる人も増えてきたよ。中にはミニトマトをやっている人がいてね、箱の真ん中にミニトマトのパックを二つ並べて、両サイドにそのミニトマトでつくったジュースを入れたギフトセットにしてるんだって。これを快気祝とかご進物にするっていって、けっこう人気があるんだって」

イチゴとかメロンを手土産にするって話はよく聞くけど、トマトも立派なおつかいものになる時代なのね。

「そうだね。トマトが今、野菜じゃな

トマトを煮詰めるときは泡がふきこぼれないよう扇風機の風を送る（柑風庵編集耕房撮影、＊印以外）

くてくだもの化してるっていうのかな。ほら、ジュースだってくだものが主流だったけど、今は野菜のジュースも定番になってきている。野菜がくだものの感覚に近づいてきてるんだよ。

　たとえば、ゼリーなんかも、これまではくだものを使うイメージがあったけど、今度は野菜でつくったらどうだろうと思ってるんだ」

　おっもしろーい。ゼリーはくだものでつくるもの、って思い込んでたわ。

「トマトはもちろん、パプリカとかいいよね。きれいな色のゼリーができると思うよ」

　野菜とくだものの境界線を外すと新しい加工品が生まれる気がするわ。

トマト加工のコツ

▼加工用ではなく生食用トマトを

「こっちがジュースやケチャップの原料にするトマトね」

　あれ。これ生で食べる普通のトマトじゃない？　ジュースやケチャップにするには、水分の少ない加工用の品種を使うんじゃないの？

「うん。大手の業者はそうしてるね。でも生食用でおいしいトマトがいいジュース、ケチャップになるんだよ。うちでつくる場合は、八～九度と加工用トマトより糖度が倍近く高いトマトを使ってる。自然な甘味があるから、余計な糖分を入れなくてすむしね」

　なるべくトマト本来の味を生かそうってことね。

「そう。昔はトマトジュースにしてもしょっぱいのが多かったでしょ。およそ本来のトマトとかけ離れた味。

　でも、最近はふつうに生で食べるトマトの感覚を残したジュースがいいと思うよ。『飲むトマト』っていうのかな。野菜をとるっていうと、これまではおかずで食べるっていう位置づけだったけど、今後は野菜をとるのは飲み物で、という感覚が増えるだろうねえ」

▼扇風機を当てて、吹きこぼれ防止

　わー、大きい釜ねー。これでトマトのジュースをつくってるのね。でも、なんで扇風機が置いてあるの？

「扇風機で釜の中に風を送ってるんだよ。この六〇〇ℓ入る釜で五〇〇ℓのジュースをつくるんだけど、釜のふちから一〇cmぐらいのところまでいっぱいにジュースを入れるんだよね。煮立てると猛烈に泡が出るんだけど、こうして風を送れば煮立っても泡が吹きこぼれないんだよ」

　へー。そーなんだ。

「うちでは梅エキスを煮詰めるときもこうやるんだ。業務用の大きいやつでけっこう強い風を送ってるよ。こうしないと火加減を調整するための人が一人必要になっちゃうんだ」

　なるほど。扇風機一台で一人分の手間が浮くってことね。

トマトジュースのコツ

▼加熱を二回に分けると分離しない

　ねえ、これ、いつまで煮てるの？

「トマトジュースはそんなに煮立てる必要はないけど、二回に分けて煮るの

が大事だね。じゃないと果肉とジュースの部分が分離しちゃう。
　トマトを搾ったあと火にかけて、いったん沸騰させたら火を止める。何分も沸騰させることはないよ。で、熱いままパルパーフィニッシャーっていう裏ごし機にかけて、タネや皮をとってジュースだけにするんだ。それから二回目の加熱をするんだけど、一五分間沸騰させるのが大事。一回目の加熱では出てこないけど二回目にはとろみが出てきて『飲むトマト』って感じになってくるよ」

現代農業二〇〇五年八月号

小池手造り農産加工所でのトマトジュースレシピ

原料のトマトをジューサーにかけて破砕。手前の桶に果汁、左の桶に皮やタネ、果肉部分がたまる。これらは一緒にして加熱される

●トマトについて

トマトも季節や生産者により品質が変わるので調整が必要。冬のトマトは少し硬いが、夏のトマトは果肉が軟らかいのでつくりやすい。ハチで受粉させたやつは酸味とコクが多い。また、ミニトマトは水分が多くて果肉が少ないので、ケチャップにはしない。糖度は高いのでジュース向き。

●下処理について

青いトマトをそのまま使うとジュースもケチャップも色が悪くなるので、2～3日置いて追熟させ、赤みが出てきたものを使う。加工に使うトマトは規格外やB級品が多いため、裂果して割れ目が黒くなっているのが多い。これをきちんと取り除いておく。

裏ごし機（パルパーフィニッシャー）に通す

①ジューサーでトマトを破砕。ジュース部分と皮・タネ・果肉部分とが分かれて出てくるが一緒にあわせて、裏ごし機（パルパーフィニッシャー）にかけて、大きなカスをとり、ジュースだけにする

②1回目の加熱。一度沸騰させたら火を止める。何分も沸騰させる必要はない。扇風機の風を当てて泡を消す

③②を熱いまま再度、裏ごし機に通す

④③を釜に戻し、500ℓに対して200～300gの塩を加える。またpHを測り、4.2以上あればクエン酸を入れる（原料の0.3％程度）。理由はわからないが、pH4.2以下にしないとジュースをビンに充填後、ビンが割れることがある

ビン詰め（＊）

ビン詰め後、さらに熱湯を足す。右側の機械が王冠をかぶせる打栓機（＊）

冷却。急に冷やすとビンが割れるのでまず50度の水槽に入れる（＊）

⑤２回目の加熱をする。やはり扇風機の風を当てる。沸騰したらその状態を15分間維持すると、あとあと分離しにくいジュースになる。とろみも出てくる

※釜の底に比重が重くて濃度の濃いドロドロした部分が沈んでいるが、それもジュースにするとビン詰め機の口が目詰まりするので、すくいとってケチャップにまわす

※ミニトマトだと少ないが、生食用トマトを煮ると果肉がたくさん浮いてくる。これもジュースのビンに詰めにくいので、すくい取って、やはりケチャップにまわす

※ジュースの歩留まりは、原料の90%ぐらい

⑥ビン詰め。ビンの口元から少し空間を残して、90℃以上のジュースが充填されるが、そこへ熱湯を注ぎ、少し熱湯をあふれ出させる。これでビンの口についた汚れが洗い流され、口元についたジュースの汚れがカビなくなる。ジュースと熱湯でビンいっぱいになっても、やがて温度が下がれば、容積が減り、ビンの口元に空間ができる

⑦王冠で栓をする

⑧冷却。急に冷やすとビンが割れることがあるので、約50℃に設定した水槽にビンを並べたコンテナごとつける

⑨キャップシールをかぶせ、シーラーを通して密封する

できたてのトマトジュースは熱い!! ビンの口までジュースがあるように見えるが…

品温が下がってくるとジュースの体積は減り、ビンの口に空間ができる

マシン油一回の専用畑

お盆すぎの青ミカンをジュースで売る

熊本県熊本市●村上浮子

『現代農業』二〇〇九年五月号で「みかんの花茶」を紹介した「フレッシュ河内グループ」です。わたしたちは、平成十三年九月に熊本市河内町でミカン農家の母ちゃんたちが立ち上げた女性グループです。

青ミカン（摘果果実）と青ミカンジュース「青二彩」

グループの月二回の例会の中でよく出てくるのはジュースの話でした。「やっぱりミカンジュースのいちばんうまかとは青ミカンジュースよね」「そうそう」と、何回となく出てきました。

八月のお盆過ぎのミカンで

そのときまで青ミカンのジュースを飲んだことがなかったわたしは、何回もの会話の内容を聞き、頭の中へインプットしました。それは次のようなものでした。

①八月のお盆過ぎのミカンを使う
②摘果ミカンを洗って半分切りにし、搾って布でこして火を通す
③そこへ砂糖とハチミツを少々入れ、水を三倍程度で割って冷やして飲む
④②を容器に入れて冷凍保存して、暑い夏をさわやかに過ごしていた

話をよく聞いていると、お盆過ぎのミカンがいいのは確実のようで、ある人はお盆前の青ミカンを子どものときに食べたのがいけなかったのか、今でも青ミカンを見ると胃がキリキリと痛み出すとか。はたまた別な人はお盆前の青ミカンでジュースをつくってみたら、おいしくなかった、等々。

摘果作業中の筆者

年間一二〇〇本を搾る

また、おもしろいことに、青ミカンジュースをつくったという会員のほとんどがミカン農家出身ではありませんでした。町からお嫁に来られた人だったのです（わたしの母はミカン農家出身で、青ミカンジュースをつくらなか

った。子どものときからうまい完熟ミカンを食べていたからかな?)。

町から来たお母さんたちは「もったいない」「町でも通用する味だ」といいます。気になって仕方なくなり、いろいろ調べてみると、青ミカンにはアレルギーを抑えるヘスペリジンが多く含まれることもわかりました。県の食品技術センターと検討を重ねてできたのが、青ミカンジュース「青二彩」(六〇〇㎖一九九〇円)です。

原料は、マシン油を一回かけただけの専用畑(三〇a)の摘果ミカン。八月下旬の二週間に収穫し、皮ごと搾汁します。県内にある福田農場ワイナリーで委託加工し、年間生産量は一二〇〇本(原料の青ミカン三t分)。つまり、二〇〇九年五月号の「みかんの花茶」を含め、この専用畑では、花、摘果果実、生果を売っていることになります。

わたしたちの出した結論は、①青ミカンを捨てるのはもったいない、②青ミカンはおいしい、③青ミカンは身体によい。この三つの内容を含め、健康をお届けする青ミカンジュース産地づくりをめざし、歩き出しています。

※お問い合わせは販売部門の㈱オレンジブロッサム(TEL〇九六―二七六―〇二四二)まで。

現代農業二〇〇九年七月号

リンゴジュースをホットで売る

青森県弘前市・工藤農園●工藤貴久

静かなブーム

昨年(二〇〇九年)あたりから、青森で静かなブームになってきたのがリンゴジュースを温めて飲むという〝ホットリンゴジュース〟です。

十二月には青森にもいよいよ新幹線がやってくるということもあって、リンゴ王国青森ならではの新しいリンゴの愉しみ方として、いろいろな方々から関心を寄せていただいているところです。

きっかけは雹害

私が〝ホット用リンゴジュース〟として販売を始めたのは平成二十年からで、この年は未曾有の雹被害に見舞われた年でもありました。

ほとんどすべての果実に大きな被害を受けたことで、生果での販売はもちろん、加工用に向けられる分もかなり多くなることは必至の状況。それに伴い買い取り価格も大幅に下落することが予想されました。それでも収穫まで

私のホット用リンゴジュース。1ℓ 6本入り3240円(税込み)。ホット用は、甘みと酸味をほどよく感じ、香気が立ったブレンドにしている

は通常通りの管理をしなければいけないし、丹精込めたリンゴを生産原価を割り込むような価格では販売したくないという強い思いがありました。

その時、以前読んだ本の中にあった『北国原産の食物は身体を温め、南国原産の食物は身体を冷やす』ということを思い出しました。同じ頃、なじみの居酒屋さんに行ったとき、お酒が飲めない人たちにも青森ならではの、熱燗のお酒を飲んでいるような雰囲気になれるような飲み物はないものかと思いついたのが〝ホット用リンゴジュース〟です。

その後、飲食店やホテルの関係者にも良い評価をいただき、自分のホームページでも紹介していったところ、急展開。地元のタウン誌や行政の関係者の目にもとまって、今では農家をはじめ飲食店や観光関係、旅館ホテル関係者らが集まった〝ホットアップルジュース普及推進ネットワーク〟が組織されようとしているところです。

寒い時期はホットで

これまで数回、こうした方々を招いて数種類のジュースの試飲会などを行なってきましたが、濃縮還元のジュースの評価は一様に低く、生産者が個々につくっているようなストレート果汁は高評価でした。このことは生産者それぞれが特徴を出したジュースをつくれば売れるということです。

ジュースは暑い季節に飲むという印象がありますが、とくに青森はリンゴの収穫時期から四月下旬くらいまでの半年間は寒い時期ですので「寒い時期にはホット」という新しい定番を創り出していきたいと思っています。

身体を温めるショウガ汁を加えるのもおすすめ

さらに身体を温める飲み物として、ショウガの搾り汁を加えるのもおすすめ。風邪をひいたときはショウガを加えたホットリンゴジュースという健康効果においてもPRしたいと考えています。

リンゴジュースはスソモノの加工品というイメージが少なからずありますが、これからはヨーロッパ等のワインのように、『今年はリンゴの出来がとてもいいので、ジュースも上出来です』くらいのPRをしていきたいと思います。

たくさんのリンゴ農家と一緒に一層の普及をしていきたいと思っています。

工藤農園のホームページ
http://kudofarm.el2.jp
現代農業二〇一〇年十一月号

大型ジューサーが自慢の観光リンゴ園 出張販売もします！

群馬県片品村・片品林檎亭●星野時夫

出張の場合、一日がかりで往復できるところで、日当と大型ジューサー（マキ製作所製）使用料、交通費、ジュース用リンゴ代金（3コンテナ約50kg）を含めて2万5000～3万円。これでリンゴジュースが25～30ℓできる。イベント販売の場合は1杯100円くらい

傷果などを お客さんの目の前で搾る

観光リンゴ園を始めて一〇年。今ではお客様に大勢来ていただいておりますが、開園当初は寂しい日が続きました。そんなとき、一度来てくださった方がまた来てくれるような、林檎亭を知り合いに紹介したくなるようなそんな特徴を出すにはどうしたらいいか考えました。

そこでジューサーを買って、無添加の本物のジュースを出したらどうだろうかと思いました。キズのあるリンゴや小さなもの、色付きの悪いものなど、お客さんの見ている前で、生ジュースを搾って出すことはとても新鮮でした。

販売用ジュースも、年間一〇〇〇～一五〇〇本売れる

ちょっとしゃれたグラスに入れて三〇〇円くらいで売ってもいいのですが、開店以来、すべてのお客様に無料で飲んでいただいています。ジュースの味は素晴らしいもので、今ではこの味を楽しみに来られる方もいます。おかげで委託加工した販売用のジュースも年間一〇〇〇～一五〇〇本（一ℓ六三〇円）売れます。

ジューサーで搾りながらの出張販売、イベント販売

インターネットで宣伝したところ、問い合わせがあり出かけたこともあります。これからも機会があればどこへでも出かけていき、消費者の方と直接交流したいと思います。

また、イベント出店の場合もその場で大型ジューサーで搾りながら販売します。その時に自家産の花豆やリンゴチップ、手づくり味噌なども販売します。

この仕事は寅さんを彷彿させます。

現代農業二〇〇八年十一月号
現代農業二〇一一年一月号

イタドリジュースを鮮やかなピンク色のゼリーで販売

徳島県吉野川市●楮山《かじやま》信子

以前所属していた薬草研究会で、崇城大学薬学部の村上光太郎先生をお招きして、イタドリジュースが身体にいいと教えていただきました。イタドリはうちの山にたくさん生えているので、さっそくつくってみました。

ジュースは毎朝、おちょこ一杯飲むといいということですが、酸っぱいし、渋味があり、毎日飲むには抵抗がありました。そこで、甘くゼリーにしたらどうだろうかと思い、試してみたところ、おいしく食べることができました。孫も毎朝食べるようになりました。

このイタドリゼリーの魅力は、材料がうちの山でとれ、安心安全なところです。また、色がきれいで、誰にでもつくれて、身体にいい点も気に入っています。

イタドリゼリーは、地元の直売所「美郷物産館」で、五月に期間限定で販売しています。直径五cmほどの丸カップに入れて一〇〇円です。また、「ほのぼの工房」（加工所）で予約を受け付けたり、工房に来た人の接待としてお出ししています。

イタドリジュース。葉緑素などが沈澱しているところ（黒澤義教撮影）

イタドリジュースのつくり方

①イタドリを皮のまま刻み、ミキサーにかける
②①を搾り袋に入れ、搾る
③②の搾り汁をそのまま置く

・若いイタドリならミキサーでも問題ない。ミキサーが回らないときは、水ではなくイタドリの搾り汁を加える。ジューサーで搾ってもいい
・搾り汁は、はじめ緑色だが、時間が経つと葉緑素などが沈澱してピンク色になる。このピンク色の液体をゼリーに使う

イタドリゼリーのつくり方

①水に粉寒天を入れて、よく混ぜる
②①を火にかけて、寒天を溶かす
③②が沸騰したら、砂糖とイタドリジュースを入れて、冷やして固める

・水とイタドリジュースは2対8か3対7くらいの割合。砂糖はお好みで
・熱を加えすぎると薬効がなくなるので、イタドリジュースを入れてからはあまり火にかけない

イタドリゼリー
（写真は川島町商工会のホームページより）

筆者。仲間と二人で「ほのぼの工房」を経営

お客さんは、見たこともないゼリーなので興味本位で買う人、色がきれいなので買う人など、いろいろです。工房に来た人はイタドリゼリーを見てビックリします。でも、説明すると、「イタドリそのままは苦手だけど、これだったらつくってみよう」と言われる方が多いです。

みなさんに知ってもらって、一人でも健康になってほしいです。

現代農業二〇一三年五月号

完全無添加
ニンジン一〇〇%ジュースを冷凍して売る

北海道上富良野町●多田繁夫

筆者

原料そのもの、無添加で勝負したい

ビン入りにするか缶にするか考えましたが、ビン入りにするにしてもニンジンジュースのpHは六・三くらいあり、酸を加えてpH調整をしなければ変敗してしまいます。しかし、酸を加えると味の調整もしなければならず、それではきっと大手のメーカーには味も価格もかないません。小さな生産者が勝てるのは、原料そのもので勝負するしかないと考えました。「原料のみの完全無添加のニンジンジュース」とし、変敗を防ぐために、加熱殺菌後、冷凍して売ることにしました。

搾ったジュースに添加物は何も加えないこの方法なら、難しい加工技術がいりません。さらに、ほかのニンジンジュースとは差別化でき、しかも生の搾った状態に一番近いニンジンジュース。体にも一番いいジュースです。本業であるニンジンづくりに一生懸命取り組めば取り組むほどいいジュースになるわけです。まさに、このニンジンジュースりづくりは農業そのものです。

加工室で搾って売ったが…

平成九年にタマネギ中心からニンジンの経営にシフト。選果場を備え、道外市場へ直接販売を始めました。

道内のニンジン農家は、収穫から出

荷まではJAか青果会社に委託するのがほとんどです。自分で大型収穫機を使って収穫し選果場で選別すると、三割くらいの規格外品が毎年出ます。相場のいいときは、規格外品もそれなりにお金になるのですが、そうでないときはタダかマイナスになってしまいます。こんなことを続けていたら経営が成り立たないと思い、倉庫の一部を改造して小さな加工室を造りました。

知り合いのお菓子屋の奥さんがニンジンジュースをいつも搾って飲んでいると聞き、加工室で搾ったニンジンジュースをその場で飲んでもらうことにしました。将来のことも考え、保健所で「清涼飲料水製造業」と「喫茶店営業」の許可をもらい、販売を始めました。

多田農園の「ニンジン搾り」。冷凍保存・流通させ、解凍して飲んでもらう。30パック6900円。年間1万パック製造。品種は「向陽2号」「ベーター 312」

その場で搾って売るだけでは限界

地元の新聞でも取り上げられたこともあり、オープン後二カ月はそれなりに人が来てくれましたが、義理で来てくれた人も含めて一巡すると、ほとんど来なくなりました。ましてや、冬はシーズンオフで、人は来ません。立地条件も考えると、その場で搾って売るだけではどうしようもないと思い、長く売れる形態のニンジンジュースにしなければと開発に取り組みました。

栽培も変えて、病気の人に届けたい

その後、私自身の体の異変を機に、ニンジンを減農薬や無農薬、無化学肥料の栽培に変えていきました。

また、硝酸態チッソが少ない栽培にも取り組み、現在はほぼエグ味のないニンジンができあがりました。飲み口もさることながら、発ガン性のある物質に体内で変化する硝酸態チッソも一般のニンジンより含有量が少なくなっています。

量産はできませんが、全国の病気の方、とくにガンを患っている方で、食事療法で闘っている方のためにとの思いで、少量ながらつくり続けています。コストがかかるので、価格は高め。毎年、一年間の需要量の見込みで二カ月間くらいかけて一万パックほど製造していますが、毎年、次のシーズンまでに売り切れています。

ただ、ジュースにすると七〇%近くは搾りカスとなってしまいます。今は、近くの平飼い養鶏家にエサとしてもっていってもらっています。卵はβーカロテンたっぷりの黄身の赤い良質の卵ができるそうです。

このニンジンジュースに取り組み始めて一〇年、小さな販売ですが、しぼんでなくなることなく現在まできているのは不思議なことです。

多田農園のホームページ
http://ninjin-koubou.com/

現代農業二〇一二年五月号

カコちゃんの 教えて! 小池さん

小池さんと行く視察研修①

直売所でのジュース販売の巻

カコちゃん。いつもは長野県飯田市にある小池手造り農産加工所で、その道20年余の小池さんにいろいろ教えてもらうが、今日は山形へ

小池さん、in 東北

めでた、めでたアよォォ　笠踊りぃ～♪　ってことで、今日のカコちゃんは、花笠音頭で有名な山形に来ているの。別に踊りに来たわけじゃないのよ。加工の視察研究会に来たんだってば。

というのがね、小池さんが講師となる「読者のつどい　加工・起業のコツ」に参加した人たちが「加工ねっと」という情報交換のグループをつくってるの。そのうち熱心な東北の参加者から「ぜひ東北の加工所に来てください」という呼びかけがあってね、カコちゃんも勉強しに来たというわけ。小池さんも長野から参加するというから、みんなにもそのやり取りを紹介するわね。

小池さんのつくるジュース。販売する際は、日本酒のように白い和紙に包む

色の薄いジュースは追熟不足

メンバーは初めて会う人、久しぶりの人、おなじみの人…顔ぶれはいろいろだけど、みんな農産加工という一つの目的をもっているせいか、打ち解けるのも早いわね。なんだか同窓会のような和やかな雰囲気。

まず一行は山形の参加者がジュースを出している道の駅に到着。向かったのは売店入口の横にあるジュース売り場。山形は果樹王国だけあってジュースの種類も豊富。いろんな農家が出しているわ。

だけど小池さん、リンゴジュースを手にとって、「うーん。どのジュースも色が薄いねえ。白っぽくてリンゴジュースらしい黄色がないね」。たしかにビンの外から見えるジュースは淡い色。

小池さんいわく「十一月とか収穫後すぐ搾ってるでしょ。三月ころまで寝かせて甘みを出させてから搾ると、果汁がもっとリンゴらしい黄色になるよ」。

十一月より三月に搾るほうがいいなら、ラクよね。だって十一月ってまだリンゴの収穫に忙しい時期だし。

それにしても同じ原料でも搾る時期によってそんなに仕上がりが違うのね。

貯蔵リンゴ、つがるのジュースは八五℃になるまで何もしない

「そうだよ。ただ、注意しないといけないのは果肉も軟らかくなるせいか、ジュースにしたあともオリが出て、ビンの底に沈澱物が出てくること。『つがる』もペクチン質がもともと多いから、収穫直後でもそうなるよ。

　だから私がつがるや貯蔵リンゴのジュースをつくるときはね、加熱するときに火力をゆっくりあげて八五℃になるまで何もしない。混ぜてもダメ。アクが浮いてきたって取らない。八五℃になったら初めてアクを取る。これがビンの底にたまるオリの正体なんだよ。

　そこを八五℃より低い段階で手をつけると、ジュースの中でアクが分散して、結局、ビン底にたまっちゃうんだ」

　そうなんだー。たしかにビン底にたまったオリって印象よくないもんね。だったら丁寧にろ過して、クリアータイプみたいに透明度の高いジュースはどうかしら？

「でも、あれじゃあダメだよ。砂糖水と変わらない。オリが出ないようにこすのは大事だけど、リンゴならではの繊維分は残したほうがいいね。そのほうが飲んで健康になる、手づくりならではのジュースになるんだよ。

　あとは貯蔵リンゴを使う際の注意点だけど、甘みはあっても酸味が足りないことが多いから、リンゴ酢を入れて酸味を補ったほうがいいね」

道の駅にて。参加者が販売しているジュースをチェックする小池さん（野口忠司氏提供）

栽培法をアピールして、目立とう！

「こちらのジュースはどうでしょう？」と差し出されたのは黄色いリンゴ「王林」のジュース。ラベルにも「王林」のシールが貼ってあるわ。

　でも、それを見た小池さん、「うーん。『王林』って書いても売れるかな。かえって価値を下げているんじゃない？」と一言。えー、品種名も書いてあったら、品種による違いが味わえて楽しそうな気がするけど？

「でもね、今の消費者は王林っていうと『ふじよりも安いリンゴ』というイメージをもっているはず。だから高級感が出ないし、差別化もはかれない。

　ただし、紅玉は逆。今、紅玉は酸味も強くておいしいリンゴ、というイメージができているから、シールをつけて積極的にアピールするといいね」

　たしかに最近、紅玉の人気が復活してきたもんね。でもこのジュース、原料のリンゴは無農薬栽培なんだって。

「だったら、『王林』と書くより、そっちをウリにしたら。ふつうのリンゴジュースはたくさんあるけど、無農薬

ビンを白い和紙の袋に入れる（小池手造り農産加工所）。手間はかかるが、これで値段を1本100円高くしても高級感が出て売れる。日光を遮るので変色も少ない。何も包まないとビンに指紋などが残るせいか、消費者心理としては「誰が触ったかわからない」となって、何となく手が出ないようだ（倉持正実撮影）

のリンゴを使ったジュースなんて、めったにないじゃない。

もっとも今、『無農薬』とか『無添加』とか表示できなくなったけど、代わりに、商品の近くにポップや写真を置いて、『私がこだわって栽培した安全なリンゴを使ったジュースです』ってアピールしたら？　そうするとこのジュース、もっと価値が上がると思うな」

包装を変えて、目立とう!!

たしかに小池さん、このジュース、他の人のと同じように見えて区別がつかないわね。

「これだけ多くの人がジュースを出しているんだから、お客さんに選んでもらうような場づくり、演出をしなきゃ。それがポップだったり包装なんだよ。たとえば、ちょっと手間がかかるけど、ビン全体に和紙のような半透明の紙をかけてみたら？」

よく高い日本酒にかかってるやつ？

「そうだよ。それでずいぶん豪華になって高級感が出る。一本七〇〇円と一〇〇円高い値段にしても裸のままよりも売れると思う。手間をかけただけのことはあるよ。そして、お土産、贈答用になるように二本セットで売ってみるとか。

ほら、こっちの売り場に業者がつくったジュースやワインが並んでるでしょ。値段が高いものほどビンの色が緑色や青色になったり、シールも金色が入ったり。中身もそうだけど、見た目も負けないようにしなきゃ」

シソは色、ヤーコンは糖、素材の特徴を生かそう

「このジュースも見てください」といわれたのは、リンゴとシソを混ぜたジュース。これは意外な組み合わせね。

「でもねえ、ちょっと色がよくないね。だってシソのもつ色素は、クエン酸と反応してきれいな赤色になるんだよ。リンゴジュースに含まれているリンゴの酸では発色しない。だから色がにごるんだよ」

なるほど。たしかにリンゴの存在がシソの色を消しているような。

あ、小池さん、こっちにはリンゴとヤーコンを混ぜたジュースがあるわよ。見て見てー。

「これ、ちょっとリンゴの割合が多くないかな？　ヤーコンって今、糖尿病予防になると注目されてるでしょ。な

のにリンゴが多いと、糖尿病の人はその糖分を気にして、あまり飲めないんじゃないかな。もしリンゴジュースを入れるとしたら三〇%、ヤーコンのにおいをごまかす程度でいいよ」

　でも、ヤーコンってそんなに甘くないから、リンゴの甘さに頼らないと飲めないんじゃない？

「だからうちではヤーコンは収穫後、ねかせて甘くなるまで、最低一五日以上置いておくんだ。そうなると糖度一五度ぐらいになるよ」

　ええー、そんなに甘くなるの？　果物と変わらないわね。

「そうだね。だからうちでは砂糖を入れずにヤーコンジュースをつくっているよ。糖尿病の人が薬の代わりという感覚で毎日飲むようで箱で買っていくよ。たくさん売れることはないけど、安定して売れてるね」

　うーん。ヤーコンは糖尿病にいいといっても、砂糖を入れたら、あまり意味がなくなってしまうのね。

「そうだよ。その素材に求められている特徴ってのが何なのかを見極めないと。シソならあの色だし、ヤーコンなら糖尿病予防。それを生かしたジュースをつくらないとダメだよ」

　なるほどねー。素材のもつ特徴を生かすジュース。なんとなく目指すべきジュースの姿が見えてきたわ。

現代農業二〇〇六年七月号

カコちゃんの　教えて！小池さん

小池さんと行く視察研修②
加工所でのジュース加工の巻

荷物・作業ラインを考えるべし

▼ローラー渡して荷の上げ下げを解消

　工場に入った小池さん、まずはザーッと機械をチェック。そして、「工場の中でモノの流れが速いところと遅いところと偏りがあるね。機械に対するお金のかけ方にもムダがある」と一言。

　うーん。小池さん、どういうこと？

「まず洗浄機。洗うのに果物が入ったコンテナを持ち上げて機械に入れているみたいだけど大変でしょ。今度、ここにローラー一本入れてみたら？　だいぶラクになるよ」とアドバイス。たしかに二〇kg近く入ったコンテナをヨイショッと持ち上げるのはタイヘン。

「だから、投入口までローラーを渡してリンゴがスムーズに運べるようにしたいんだよ（図1）。

　工場を稼動するのに大事なのは、どんなふうに荷が流れるのか、作業や荷物のラインを考えること。工場の中では荷物を持ち上げたり、おろしたり…

っていう、上下の動きはなるべく避けたいんだ。ジュースみたいに重たいものを扱う工場ならなおさらのこと。

そこをローラーで補うとずいぶん流れが変わると思うよ。ローラーはそれほど高い道具ではないし、スペースがあるんだから、ぜひ置いてみたら?」

▼作業のつかえを減らす

そうかー。せっかく速く洗える機械を導入しても、果物を投入するのに時間と労力がかかっていたら、その速さに追いつかないもんね。それがローラー一本でスムーズになるのね。

「そう、一つの加工品ができあがるまでに、ある工程はいい機械を導入してすごく早く終わるけど、ある工程は遅くて…となったら、そこで流れがつかえちゃう。これでジュースの一日の製造本数もずいぶん変わってくるよ」

製造本数が少ないと一本当たりのコストが高くなって、もうけも少なくなるわね…うわっ、こんなこと考えるなんて、カコちゃんもイッパシの経営者だわー。

▼人手が一人浮く、蒸気でビン殺菌

こちらには大きなポリ容器があるわ。ここに溜めたお湯の中にビンをカゴごとつけて、ジュースを充填する前に殺菌するんだって。けっこう深い容器ね。

「うーん。ここでもまた持ち上げなきゃいけないね。腰に負担もかかるし、お湯も熱いから大変でしょ。

それにダンボールからビンを出してカゴにまとめて、お湯につけて、それをまた持ち上げて、中についた滴が落ちるのを待って…としていたら、ここでまたモノの流れが止まっちゃう」

でも、みんなビンってお湯につけて殺菌してるんじゃないの?

「だからうちではビンの中に蒸気が入るようにして殺菌している(図2)。ダンボールから出したビンをカゴにまとめて…という手間もいらないし、この機械を充填機のそばに置けば殺菌から充填まで一人でできる。これで人手が一人浮くと思うよ」

図1 ローラーで工場内の荷の流れをスムーズに

ローラーなし
ホレホレ
どんどん洗ってやるから
早いこと持ってきな
も〜〜
重たいんだってば〜
どっこいしょ
洗浄機
ローラーを導入
お、いい
ペースだな
すべらせたほうが
ラクね
洗浄機
ローラー
ザー

果物の入った重いコンテナを上げ下ろしせねばならない

ローラーの上にのせたらすべらせてゆく

図2 ビンの殺菌

お湯につけている場合
あっち〜
おも〜い
KAKO
ビン
ビン
ビン
殺菌槽
蒸気の場合
KAKO
蒸気
(120度近い)
シュ〜
サッ
ビン

カゴの中にビンを並べてお湯につけて、水分が切れるのを待って…と時間がかかる

ビンをひっくり返すだけでよいのでラク。ジュースの充鎮作業をしながらできる

図3　小池さんの工場にある冷却槽―中にレールを敷く

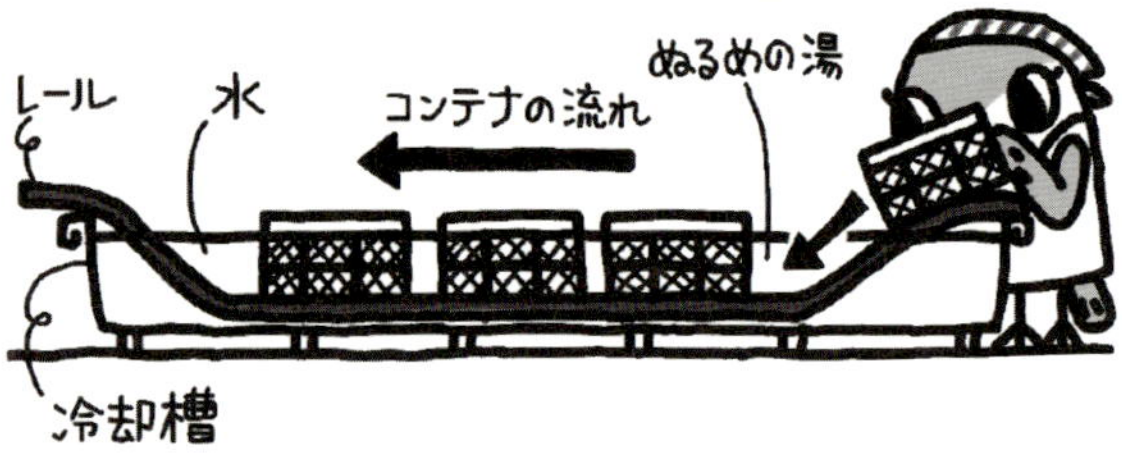

なるべくコンテナを持ち上げないよう低い位置に設置。中に入れたコンテナが軽い力で動くよう中にレールを敷いてある。充填したジュースは熱いので急に冷やすとビンが割れやすい。そこで小池さんの工場では冷却槽の水温が少しずつ下がっていくようにしている

小池さんの工場にある、ビンの殺菌機。加工所内に設置したボイラーを生かして蒸気（120℃にもなる）を下から出して、下に向けたビンの口から中を殺菌する

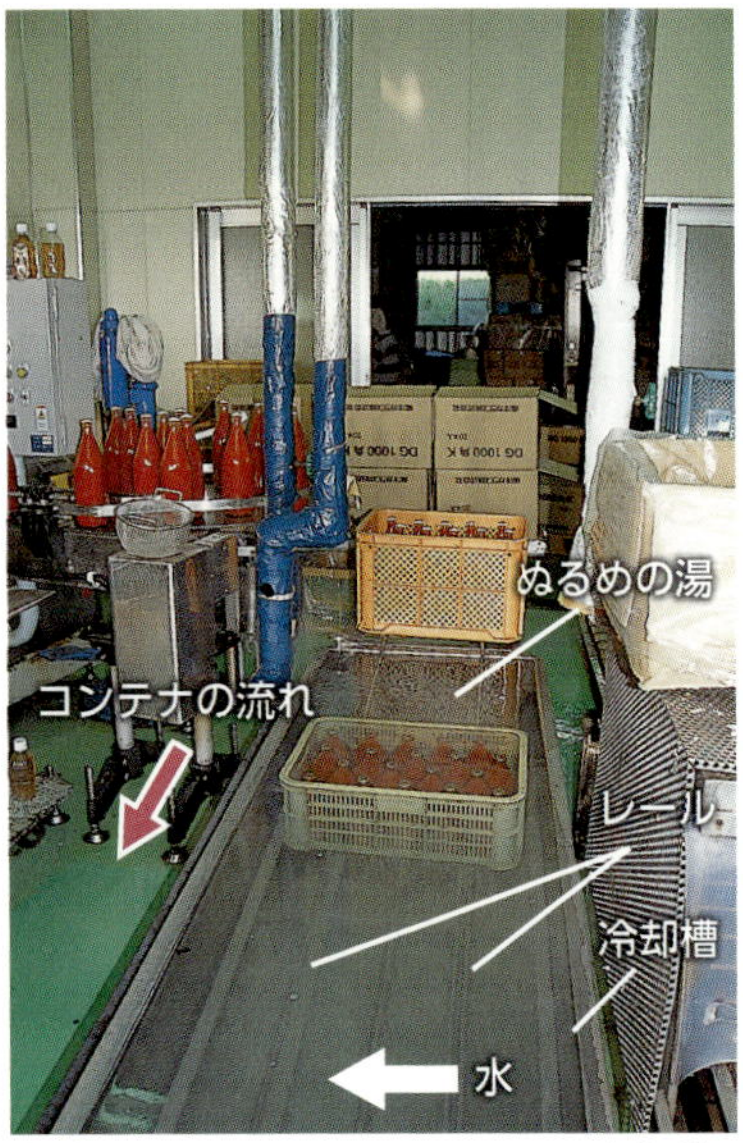

小池さんの工場にあるジュースの冷却槽。写真奥側からコンテナを沈め、少しずつ冷たい水が出るよう設置してある

お湯につけるのではなく、ビンをひっくり返して下から蒸気を当てるなんて、なんだか逆転の発想ね。参加者のみんなもビックリしてるわ。

「こっちのポリ容器は充填後にビンとジュースを冷やす冷却槽かな？　これも高いから持ち上げるのが大変だね。うちの工場はもっと低くしているよ。そして冷却槽の中にレールを通してあるんだ。これもラクだよ」（図3）

機械の選び方が経営を左右する

▼経営すべてに関わってくる搾汁率

小池さん、今度は「ちょっとジューサーも見せて」と、フタを開けて中を見てるわ。何をチェックしてるの？

「まず、ジューサーの刃の並びだけど、こういうふうに曲がっていると果物を押し出す力が弱くて搾汁率が落ちる（図4）。まっすぐに刃が並んでいる機械のほうがよく搾れると思うよ。

あと、まわりのアミはもっと粗くしていいよ。搾汁率がうんと上がる」

小池さん、ずいぶん搾汁率を意識しているのね。

「そうだよ。搾汁率は、いわゆる歩留まりのことだよ。一コンテナのリンゴからジュースが一〇本とれるか一二本とれるか、これが製造原価から売り上げまですべてに関わる。一日当たりの製造本数と同様、ジュース工場を経営するうえで大事な指標だよ」

▼プレス機でカスからもジュースを搾る

あ、これパルパーフィニッシャーでしょ。搾ったジュースを裏ごしする機械で、カコちゃん、トマト加工の話を聞いたときに、小池さんの工場で見たよ。

「これも網目の大きさが粗いから小さいものに替えたほうがいいね。うちでは一㎜目にしているよ」

ええ、小さいー。でも、それだけ網

図4　ジューサーの刃の並びひとつとっても搾汁率が変わる

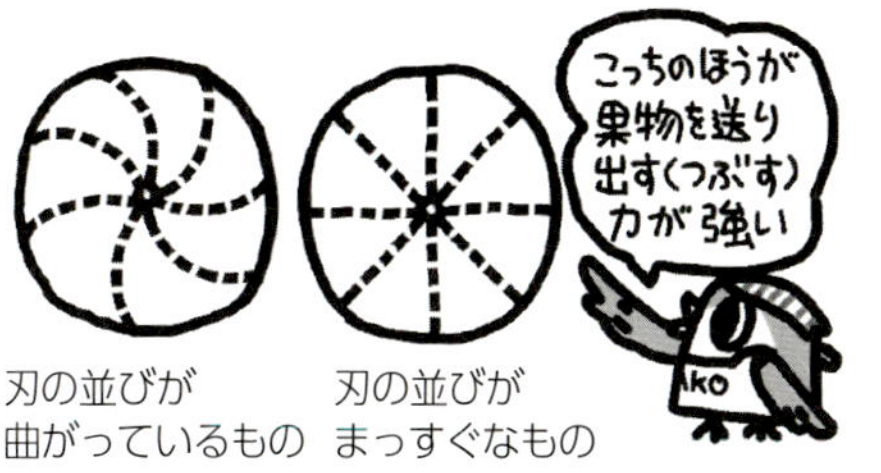

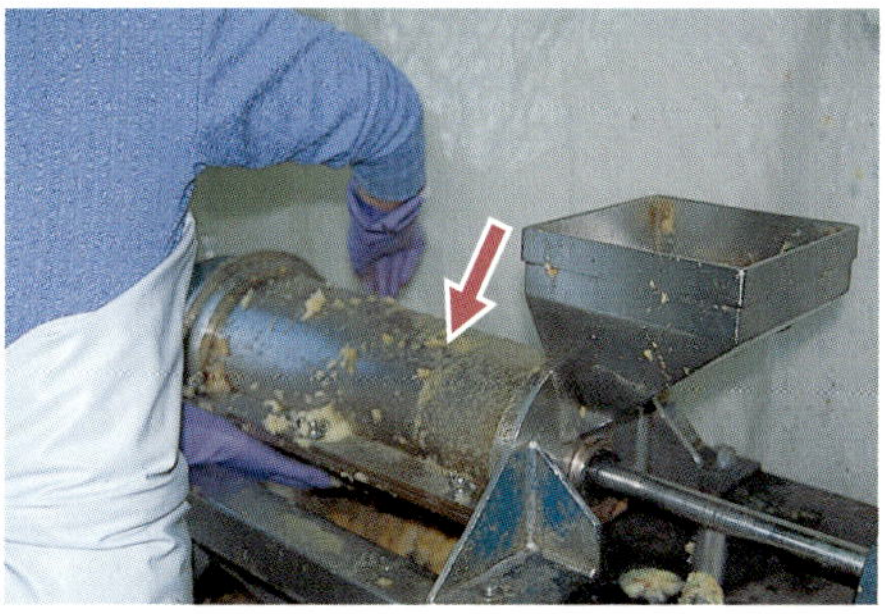

パルパーフィニッシャーのカバーを外したところ。中にジュースとカスを裏ごしする網目が入っている（矢印）

目が小さいとカスも多くならない？それこそ搾汁率が落ちると思うけど。

「そのカスのほうにもけっこうジュースが含まれているから、うちではカスをプレス機にかけて、さらにジュースを搾っている。これで搾汁率が三〜四割上がるよ。プレス機もジュース工場に揃えたい機械だね」

▼打栓がらみのクレームは多い　打栓機にはお金をかける

ねえ、こっちの機械はなーにー？

「打栓機だね。ここの工場では手で王冠を載せて打ち込む手動式のようだけど、店頭に並べて長期に販売することを考えたら、これでは栓が甘いと思うよ。半自動以上の機械にしたほうがしっかり栓ができて、安全性が高いよ」

そりゃあ安全性は高いけど、機械の値段も高いんじゃない？

「でも、ここがお金のかけどころ。というのが、ジュースって打栓がらみのクレームがすごく多いんだよ。きちんと栓がされてないとカビがついたり、中のジュースが発酵してビンが割れたり、うまく栓抜きができなかったり。

最初の機械選びが間違ったために、ずっとクレームを背負っていくことになる。これは大きな経営ロスになるよ」

▼高価な機械でも　アクが取れなければ落第

はー。機械えらびって大事なのねえ。

「そうだよ。とくにどの機械にお金をかけるかっていう判断が大事。新品や高い機械にすべきところ、反対に中古の機械や鉄工所がつくってくれるような、安い機械で充分な工程もある。

高い機械だからいいわけではないし、他の工場でよくても自分の工場に適当だとは限らないし。いくらいい原料、いい加工技術があっても、機械によっては台無しになることもある。

たとえばこういう話があってね。『どうやってもジュースの色が悪くなる』っていうからその加工所に行ってみたら、果実をつぶしたら自動的にパイプに流し込んでビンに充填してくれる機械だったんだよ。でもね、これでは途中でジュースから出たアクをとれないんだよ。アクをとらないと、ビンの底にオリが出て、色も悪くなる。

自動的に何でもやってくれる高い機械なんだろうけど、アクをとる、というジュースづくりの大切な過程をおさえてないから、この機械を替えない限りいいジュースはできないよ」

機械えらびがそれだけ加工所の経営を左右するってことね。カコちゃん、今まで業者がすすめる機械やカタログを漠然と眺めていたけど、実際に設置するとなったら真剣に検討しなきゃいけないわね。

現代農業二〇〇六年八月号

委託加工なら
自分で加工できなくても加工品を売る道はある

茨城県茨城町●平澤信江

イタリアントマトで規格外品が半分も！

一〇年くらい前、茨城県経済連の方に、契約栽培でイタリアントマトをすすめられました。一kg当たりの販売単価が他の露地野菜に比べて高いこともあり、つくることにしました。

初めてつくったトマトはどんな味がするのかと食べてみたところ、生では酸味が少なく、あまりおいしいとは思いませんでした。ところが、丸ごと焼いて食べてみたら、ビックリするぐらい味が濃くなっておいしかったのです。

そして、いよいよ収穫がはじまり、選別して出荷。しかし、収量の約半分が規格外品になってしまったのです。

選別は、外見の色や傷、大きさでA品、B品、規格外品（販売できないもの）に分けます。こんなに規格外品が多くては、いくら販売価格が高くても、収入が上がるどころか、手間損になってしまいます。それよりも、食べればおいしいものが捨てられてしまうことになるのです。「すごくもったいない」という気持ちから、規格外品を加工して、それを販売できないかと考えはじめました。

まずは県の農産加工指導センターにある機材を使って、何年間かはトマトピューレに挑戦。このときは加工の様子見程度で販売にまでは至りませんでした。できたピューレも自分で食べたり、友達や親戚に分けていました。

筆者（左）と仲間の米川宮子さん。「グリーンハート」というグループ名で委託加工したジュースやケチャップを販売している

「トマトがあるなら、ケチャップにしてみたら？」

そこから先に進むにはどうしたらいいか考えていた頃、『現代農業』をめくっていたら、「読者のつどい『加工講座』二〇〇四」の案内が目に留まりました。「よし、行ってみよう」と思い、友達と二人で長野県「栂池センター」での研修に参加。そのときの講師が小池先生でした。

参加者が各自持参した加工品の品評会が夕食後から夜遅くまで続けられ、小池先生の熱心なアドバイスや参加者からの質問で、昼間の研修（座学）にはない熱気を感じました。少し残念だったのは、そのときまだ私たちには販売している加工品がなかったことです。

　その後もまた「加工講座」に参加したり、農業改良普及センターの企画で小池先生の加工所に見学に行ったりしていました。そして、二〇〇六年九月、茨城県の農産加工研修会に小池先生が講師として来たときは、仲間のうちに泊まってもらい、以前一緒に研修に行った友人と夕食を持ち寄ってじっくり話をしました。その中で「トマトがあるならケチャップにしてみたら？　長野県には安く売り出している大きなガス釜があるよ」といわれ、翌月さっそく行ってみました。せっかく長野県に行くわけですから、小池手造り農産加工所でトマトケチャップづくりの研修をさせてもらおうと、四〇〇kgのトマトを二t車に積んでいくことにしました。

　それまであまり高速道路を運転したことがなかった私には、ちょっとした冒険でした。そして、二五万円ぐらいで無事ガス釜も手に入り、小池先生の加工所では初めて自分たちのトマトケチャップができあがりました（このときから委託加工がはじまりました）。

わが家のイタリアントマトでつくってもらったジュースとケチャップ。当時は中元や歳暮のセットとして喜ばれた。今はイタリアントマト製品は販売していない

　ケチャップをつくる際、つくり方を覚えるために作業を実際に体験させてもらい、たいへん勉強になりました。酸味がそれぞれ違うトマトを使いながらも品質を一定に保たなければならないのが難しいところだと実感。小池先生は味見して、どの調味量をどれだけ入れればいいか即決ですので、すごいと思いました。それから作業は思ったよりも重労働だということもわかりました。

「加工まで手がまわらないなら、うちでつくってあげるよ」

　その翌年も、普及所や農協の職員とともに研修に行き、一連の設備を見て、トマトケチャップをつくるには、どのくらいの費用が必要になるか見積もりをしてみました。その結果、裏ごしする機械（パルパーフィニッシャー）、回転式蒸気二重釜ボイラーなどの機材で一〇〇〇万円、その他、施設などでかなりの資金が必要になることがわかりました。

　その頃は、小池先生のところで委託加工しながらも、仲間と二人で自分たちでも加工所を建てて、「茨城に第二

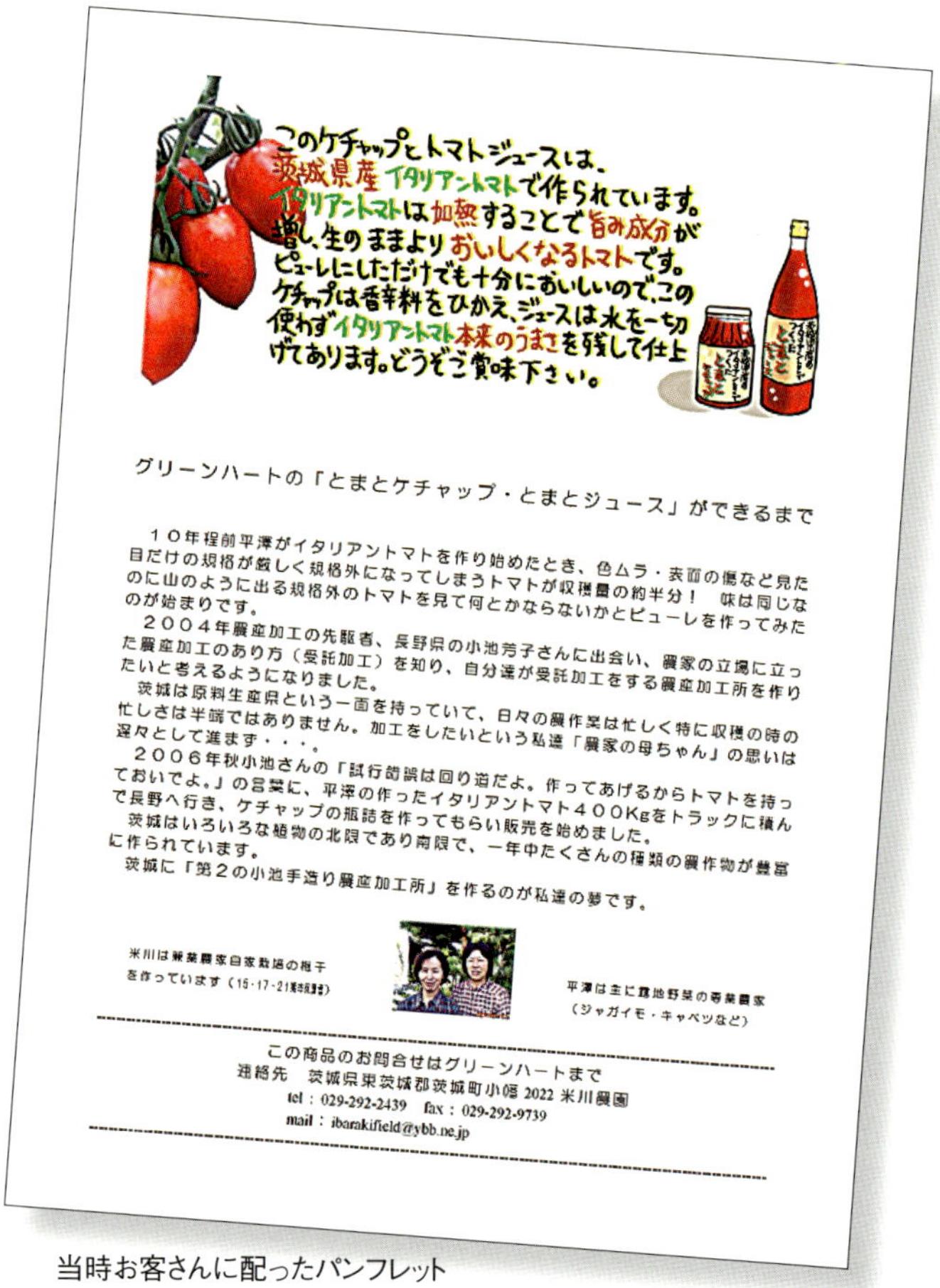

このケチャップとトマトジュースは、
茨城県産イタリアントマトで作られています。
イタリアントマトは加熱することで旨み成分が
増し、生のままよりおいしくなるトマトです。
ピューレにしただけでも十分においしいので、この
ケチャップは香辛料をひかえ、ジュースは水を一切
使わずイタリアントマト本来のうまさを残して仕上
げてあります。どうぞご賞味下さい。

グリーンハートの「とまとケチャップ・とまとジュース」ができるまで

１０年程前平澤がイタリアントマトを作り始めたとき、色ムラ・表面の傷など見た目だけの規格が厳しく規格外になってしまうトマトが収穫量の約半分！　味は同じなのに山のように出る規格外のトマトを見て何とかならないかとピューレを作ってみたのが始まりです。

２００４年農産加工の先駆者、長野県の小池芳子さんに出会い、農家の立場に立った農産加工のあり方（受託加工）を知り、自分達が受託加工をする農産加工所を作りたいと考えるようになりました。

茨城は原料生産県という一面を持っていて、日々の農作業は忙しく特に収穫の時の忙しさは半端ではありません。加工をしたいという私達「農家の母ちゃん」の思いは遅々として進まず・・・。

２００６年秋小池さんの「試行錯誤は回り道だよ。作ってあげるからトマトを持っておいでよ。」の言葉に、平澤の作ったイタリアントマト４００Kgをトラックに積んで長野へ行き、ケチャップの瓶詰を作ってもらい販売を始めました。

茨城はいろいろな植物の北限であり南限で、一年中たくさんの種類の農作物が豊富に作られています。

茨城に「第２の小池手造り農産加工所」を作るのが私達の夢です。

米川は兼業農家自家栽培の梅干を作っています（15・17・21[illegible]）

平澤は主に露地野菜の専業農家（ジャガイモ・キャベツなど）

この商品のお問合せはグリーンハートまで
連絡先　茨城県東茨城郡茨城町小幡 2022 米川農園
tel : 029-292-2439　fax : 029-292-9739
mail : ibarakifield@ybb.ne.jp

当時お客さんに配ったパンフレット

の小池手造り農産加工所」をつくりたいと思っていました。しかし、自分たちだけでは資金の調達が難しく、足りない分を出資してくれる人もいません。また、設備投資したとしても、自分のところの規格外品だけを加工し、販売しただけでは、採算が合いません。一年間ずっと仕事があるようにするために、ほかのトマト農家にも「うちで委託加工をしてみませんか」と話をしてみましたが、加工品を自分で販売するという賛同を得られず、断念しました。

そもそも、うちも二〇haの畑でジャガイモ、キャベツ、ハクサイ、ゴボウなどをつくる農家ですので、私自身、家業にべったりでなかなか抜けられません。

そこで「自分たちで加工できるようになるまでは、小池先生にお願いしよう」と割り切ることにしました。

A品も規格外品もすべて加工

平成二十年は、イタリアントマトを一二四〇kg委託加工し、ケチャップ（三〇〇mℓ）一三九五本、ジュース（七二〇mℓ）三二〇本になりました。ケチャップは一本当たりの加工賃が二〇〇円（当時）で、直売所での販売価格が七八〇円。ジュースは加工賃一本二一〇円で、販売価格は一五〇〇円。売り上げは合計で約五〇万円になりました。

今では、五aの畑でつくるイタリアントマトは、A品もB品も規格外品もすべて加工にまわすようになりました。

委託加工の利点いろいろ

委託加工の利点は、

・高額な設備投資をしないで、確かな品質の加工品をつくることができる
・規格外品に付加価値をつけて販売し、収入が増える
・旬の味を年間楽しむことができる
・農作業に専念できる

などが挙げられます。でも、自分たちの加工所もやっぱりほしい！　いつかは「原料から加工・販売まで」を自分たちの手で行ない、生産者の思いを加工品に付けて、直接消費者へ届けたいと考えています。

現代農業二〇〇九年十二月号

ヤマブドウジュースで お客さんの足をとめて 加工品を売る

山形県大江町●鈴木茂さん

つる割れリンゴ、二八万円が一二〇万円になった

加工歴一三年の鈴木茂さん（五七歳）は、加工をしていなかったら農家をやめていたという。

自慢のジュースをもつ鈴木茂さん・れい子さん夫婦。「加工だと生果とちがって1年中収入があるから、家にサラリーマンがいるのと同じよ」とれい子さん

忘れもしない平成四年、加工場を建てることになる前の年、樹がまだ若かったせいか、収穫したリンゴにつる割れ（裂果）が半分出た。原料箱にして約四〇〇箱。このつる割れリンゴをジュース原料として農協に出すと、一箱七〇〇円（生協との取引のため高め。ふつうの農協は二〇〇円くらい）で二八万円（当時。以下同じ）にしかならない。これではとてもじゃないが畑の借金が払えない。そこで近くの加工場に持ち込んでジュースに加工、ひと冬売り歩き、なんとか翌年のお盆でほぼ売り切った。

ジュースの売り上げは、一箱で手取り三〇〇〇円になるから一二〇万円。ジュース原料だと二八万円にしかならないつる割れリンゴが、自分でジュースに加工して売ることで一二〇万円、約四倍の売り上げになったのだ（ふつうは一五倍になる）。

このジュースがひと冬でぜんぶ売れたら加工場を建てよう、と決めていた鈴木さんは、翌年の平成五年十一月、ついに自宅敷地内に加工場を建てたのだった。

鈴木さんの加工場兼作業場。加工室は6坪。ジュース加工には「清涼飲料水製造業」の営業許可（保健所）が必要

加工で売り上げ約六五〇万円

鈴木さんの畑はリンゴ一町一反の他に、サクランボ、ブドウ、ヤマブドウ、洋ナシ（ラ・フランス）などで三町ほどある。

鈴木さんのジュースの製造工程

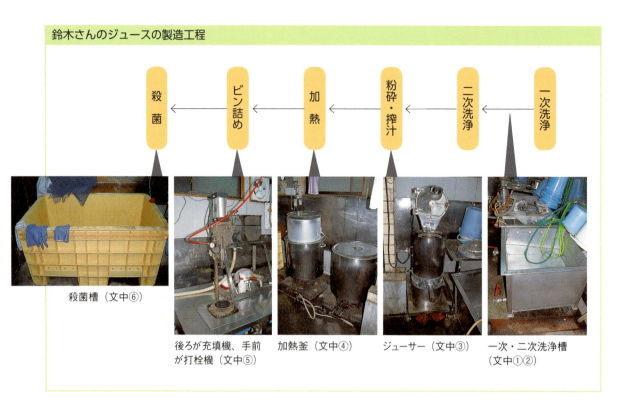

一次洗浄 → 二次洗浄 → 粉砕・搾汁 → 加熱 → ビン詰め → 殺菌

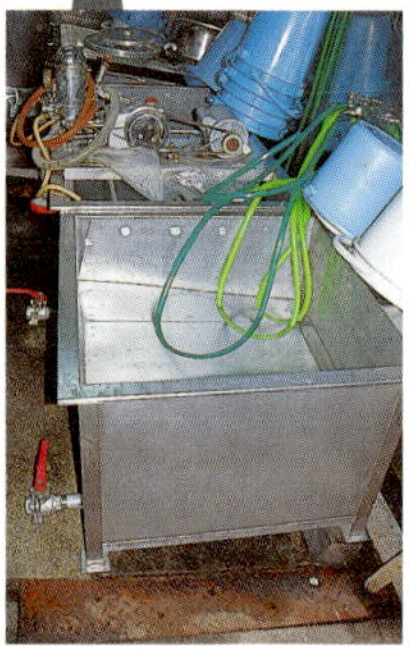

一次・二次洗浄槽（文中①②）

ジューサー（文中③）

加熱釜（文中④）

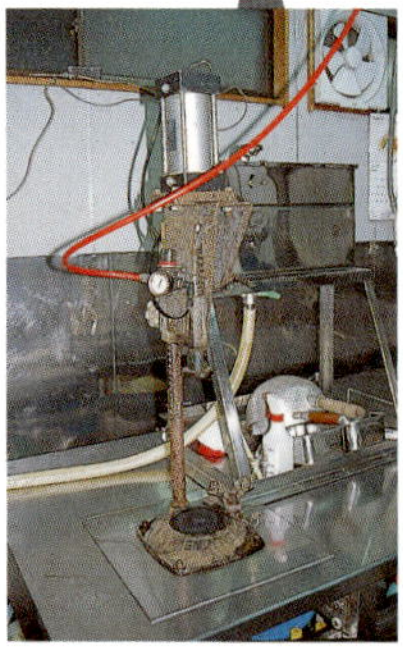

後ろが充填機、手前が打栓機（文中⑤）

殺菌槽（文中⑥）

現在、リンゴは全収量の四割近く、四〇〇〇本（一ℓビン）をジュースに搾る。近隣の農家から頼まれた受託加工分も含めると年間三万本のリンゴジュースを搾っている。

加工賃さえ払えば、自前のリンゴで搾ったジュースを、お歳暮に、お年始に、帰省のおみやげに使えるとあって、冬になるとジュースにしたい農家がどっと押し寄せる。「じいちゃんのリンゴジュースがいちばんうまいって孫に言われちゃってさー」とニコニコしながらやってくる。加工賃は原料箱一箱につき、二〇〇〇円（ビン代込み）をいただいている。

その他、ブドウなどのジュース、サクランボや洋ナシ（ラ・フランス）などのジャムの加工も手がけ、加工部門の売り上げはじつに経営全体の約七割にも達し、約六五〇万円を稼ぎ出している。

できるだけいじらないジュース

鈴木さんのジュースづくりは〝自然のままにできるだけいじらない〟がモットー。買い手の要望もあって、酸化防止のためのビタミンCすら加えない（ラ・フランスジュースだけは皮が褐変するので加える）。そんな鈴木さんの加工場を見せていただいた。

年間三万本のリンゴジュースを搾ると聞いて、もっと大がかりな機械、部屋を想像していたが、部屋の広さは六坪で、機械も大きくない。ジュースの製造工程に合わせて見せてもらう。

①一次洗浄　ここでおおまかな汚れ落としをする。

②二次洗浄　水に浮かべたリンゴに動噴でシャワーをかけるようにして洗う。

③破砕・搾汁　小さな突起がたくさんついた円盤状のおろし金が回り、リンゴをすりおろす。すると、洗濯機

ヤマブドウ。栽培7年目

のドラムのようなものが回り、果汁が遠心力によって果汁と搾りカスに分かれる。

④加熱 果汁を八五℃で煮て殺菌する。また、浮いてくるカス（アク）を網杓子で取り除き、さらに三〇〇メッシュのこまかい目のストレーナーでこす。

⑤ビン詰め 殺菌しておいたビンにジュースを詰め、栓をする。

⑥殺菌 栓をしたビンを、ビンの上まで八五℃の熱湯につけてもう一度殺菌する（加熱時間は全体で三〇分）。あとは放冷したらできあがり。

今やジュース加工も過当競争

できた加工品は、自然食品店や地元温泉の売店などで売っている。

変わったところでは、酒屋の問屋にも卸す。売る手間をかけないで間違いなく量がはけるので、安心してジュース加工に励むことができる。

しかしその酒屋も今や、ディスカウントショップに押されて厳しい。リンゴジュースを売る農家も増えた。加工場も町内に四つあって、そう簡単に売れなくなった。そこで最近は新しい販路としてイベント（催事）で売るようにしているのだが、リンゴジュースのほかにお客さんの足をとめることができる商品が必要だと痛感している。「おっ」と思わせる商品があればお客さんの足はとまる。足さえとまればリンゴジュースだって売れるのだという。

ヤマブドウジュースに夢中

そんな鈴木さんが今、夢中なのがヤマブドウジュースだ。

ヤマブドウは昔から健康果実として知られていたが、ここへきて、黒紫色の色素に含まれるポリフェノールに抗酸化作用があることなどから注目されている。

鈴木さんのヤマブドウジュースは、「大江町の奥座敷」と呼ばれる柳川温泉の売店で売っているのだが、五五〇mℓ二〇〇〇円と安くないが、だまっていてもお客さんの足がとまり、どんどん売れてしまう。年金暮らしの人などが「貧血にいい」「よく眠れる」など

この傾斜畑はもともとリンゴ畑だったが、スピードスプレーヤで農薬散布中に転倒事故を起こしたので、農薬をあまり使わないヤマブドウに替えた。雪に強い棒仕立て

鈴木さんの加工場の稼ぎ頭。ふじ1ℓ 700円、紅玉1ℓ 800円、ヤマブドウ550mℓ 2000円。両脇のヤマブドウジュースがふじと紅玉を引っ張る。ここにフルーツソースを加えたい

といって買っていく。値段が少々高くても味のいいものを探している人たちに支持されているからだろうという。

冷蔵庫に入れて酒石酸を取り除く

鈴木さんのヤマブドウジュースは、果汁のほかに何も入れない。それでも果汁はきれいな黒紫色で、ブドウジュースにありがちなジャリジャリとした舌触りもない。

ジャリジャリとするのはブドウに含まれる酒石酸という有機酸が果汁中のカリウムと結びついて結晶化するから。単にろ過した程度では取り除けないという。

鈴木さんの場合は、結晶化してくる年越し出荷分のジュースについては、一升ビンに入れて三℃以下の冷蔵庫に二～三週間おく。この低温処理で酒石酸をビンの下に沈め、ろ過すれば、問題なく取り除くことができる。

そのほか、色と味をよくするには「収穫したら、早すぎず、時間をおきすぎず搾ること」だそうだ。

ふじを減らし紅玉、ヤマブドウ、ベリーAを増やす

ヤマブドウジュースが売れるようになったことで、鈴木さんは最近、リンゴの「ふじ」を減らしてヤマブドウを増やしている。今は二反だが五反まで増やすつもりだ。ヤマブドウは防除回数が年四回と少なくてすみ、労力がかからないのもいい。

そのほかに増やしているのがリンゴの「紅玉」。酸味の強さが人気だ。またブドウの「ベリーA」も黒紫色の色と味が気に入って増やしている。いずれも、お客さんの足がとまるジュースになるとみている。

これからはフルーツソース

さらに今、商品化をすすめているのが、ブドウやラ・フランスのフルーツソース。

フルーツソースというのは、果実の果汁を煮ただけのもので、ジャムのように固まっていない。ヨーグルトやアイスクリームにかけたり、牛乳に混ぜて飲んだりする、新しい食べ方の一つとして定着してきている。

ヤマブドウジュースに加え、紅玉やベリーAのジュース、そしてこのフルーツソースが揃えば、お客さんの足はとまる。期待に夢をふくらませている鈴木さんだ。

※鈴木さんの「果実の森スズキ」の連絡先
（TEL〇二三七—六二—二六四四）

現代農業二〇〇六年十一月号

ジュース類のビン、フタの選び方

長野県飯田市・小池手造り農産加工所●小池芳子さん

タマネギドレッシングに使用。容器を殺菌しなくていい（カビが出ない）のでプラスチック容器
口のまわりにカビが出やすいジュース類は王冠がベスト
柿酢を利用した清涼飲料の小ビンに使用。開けやすくカビがつきにくい
清涼飲料に使用。内側の青い部分のために密閉度が高まる
酢に使う。酢はカビの心配がないのでネジ式でOK
ビンのフタも製品の中身に合わせて選ぶ

ジュース類のビンやフタをどう選ぶか、長野県飯田市で加工品の受託を行なっている小池手造り農産加工所の小池芳子さんに伺った。

（文中の金額はいずれも当時のもの）

▼飲みかたによって容量を変える

ジュース類については、水で割ったりすることなくそのまま飲めるものは一ℓビン入りを基本にしている。梅ジュースなら、小池さんはこれを八〇〇円で小売りする。

ただし贈答用の場合は、サイズを七二〇㎖ビンに小さくして箱を付ける。これで同じく八〇〇円。値段がいろいろだと混乱するので、八〇〇円に揃え、容量を減らして箱代を出すわけだ。

ウメを加工した液体製品には、ほかに梅しそジュースや梅エキスもある。梅しそジュースはそのまま飲むので一ℓビン。一方、梅エキスは、水などで割ったりして飲む濃度の高いものなので容量を小さくして一ビン五五〇㎖。ただし小売価格は、やっぱりいずれも八〇〇円に揃えている。

▼加工してもらうときのコスト

ジュース用の一ℓビンは、ビンとキャップを合わせて六〇円だ。梅ジュースの委託加工は、これに手間賃などを加えて二八〇円ほどで引き受ける。

ジュースの委託加工ではなんといってもリンゴが多い。小池さんの周囲には贈答用のリンゴをつくる農家が多く、ほとんどを自分で売ってしまうのだが、贈答用のリンゴを精選するほど、すそものも多く出るからだ。すそものだけ農協に出すわけにもいかない。だが、見かけが悪いリンゴでも、小池さんのところでジュースに加工してもらえばやはり自分で売ることができる。

リンゴジュースの加工賃は、ビン代六〇円に手間賃一一〇円を加えて一ℓ当たり一七〇円。梅ジュースより安いのは砂糖代などがいらないからだ。できた製品は五〇〇円くらいで売れる（小池さんは六〇〇〜七〇〇円で販売）。

一ℓ一七〇円のリンゴジュースの加工代は、県内でいちばん安いのではないかという。小池手造り農産加工所は、農家のための農産加工受託会社なのだ。

現代農業二〇〇四年七月号

ジュース製造・販売に必要な許可と容器充填販売の場合の殺菌基準

編集部

これからジュースを売るとしたら、どうしたらいいだろう。ビンで売る場合、コップで店頭販売する場合など、いろんな場面で必要になることを調べてみた。

必要な営業許可は？

▼ビン詰めで売るなら…

まず、ジュースを自分でつくってビン詰めして売りたい場合には、保健所の許可がいる（図1）。その加工所がジュースを衛生的につくることができるかどうかをみるもので、食品衛生法上の「営業許可」のうちの、「清涼飲料水製造業」の許可をとると加工販売ができるようになる。

一一八ページの平澤さんのような委託加工であれば、許可は必要ない。許可をとっている委託先の加工所に原料を持ち込むだけだからだ。手始めにビン詰めジュースを売るなら、委託加工がいちばん手っ取り早い。

▼コップで売るなら…

いっぽう、その場で生搾りジュースをコップで売りたいという場合には別な許可がいる。今度は飲食店としてふさわしいかどうかをみるもので、こちらは食品衛生法上の「飲食店営業許可」といい、窓口はやはり保健所になる。

飲食店営業許可にも「飲食店営業」と「喫茶店営業」とがあり、飲み物以外の調理や製造をしないなら喫茶店営業をと

図１　ジュースを売るときに必要な営業許可

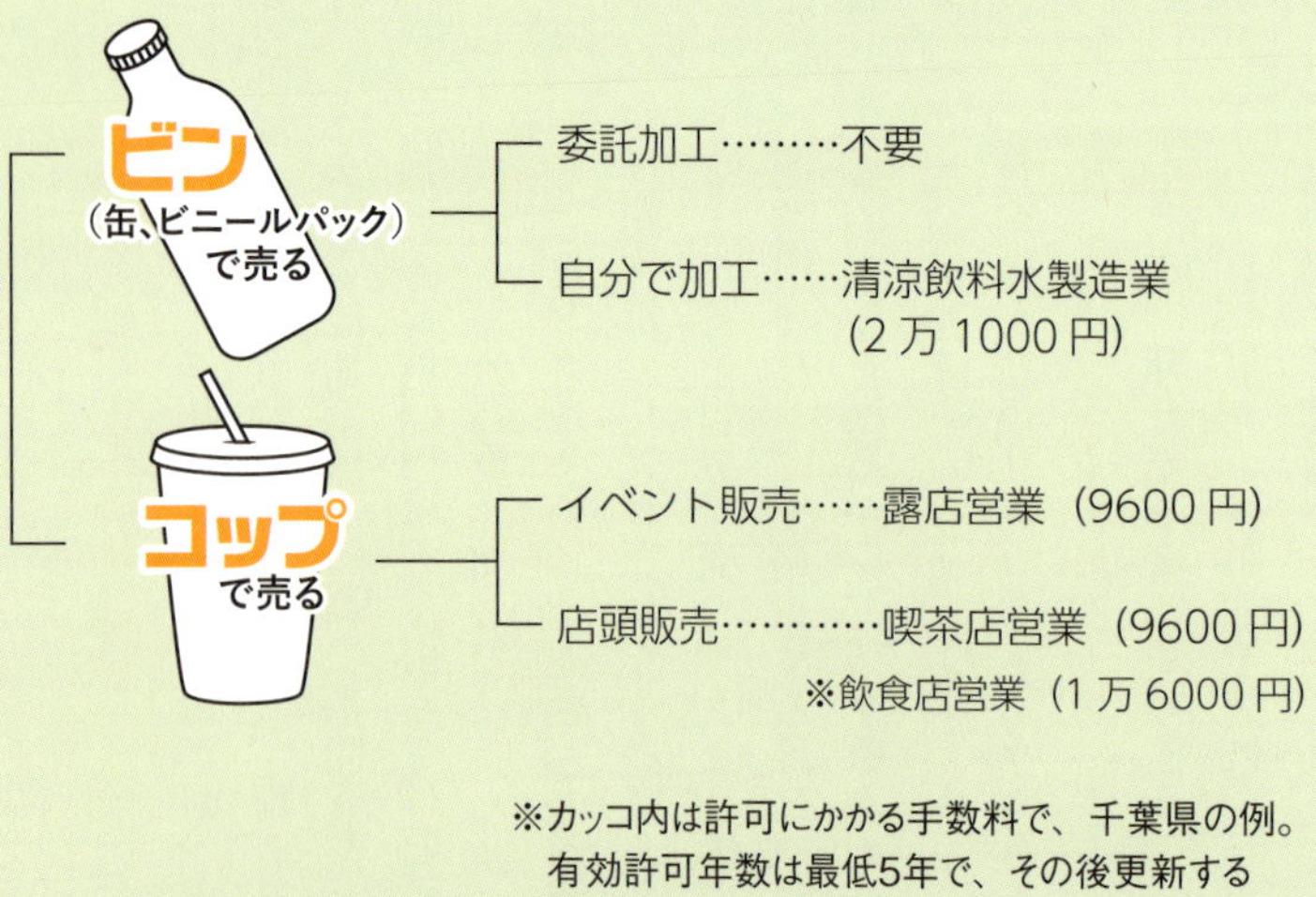

※カッコ内は許可にかかる手数料で、千葉県の例。
有効許可年数は最低5年で、その後更新する

図2　ジュースをつくるときの殺菌基準

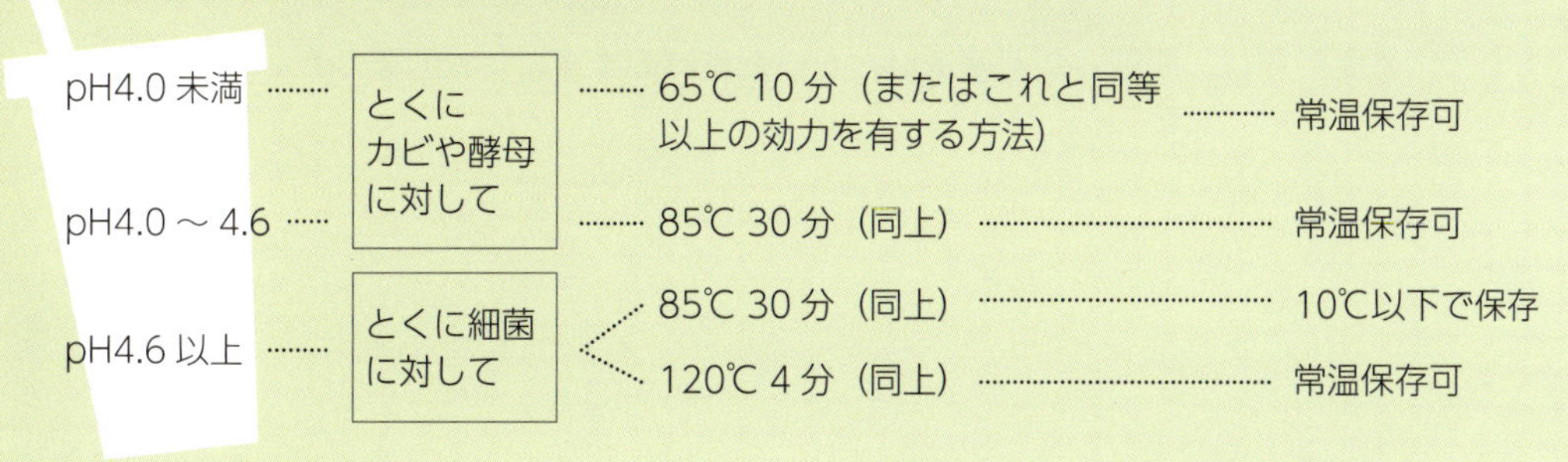

※食品衛生法の「食品、添加物等の規格基準」より

ればいい。だが実際には農家レストランなどを視野に入れて、飲食店営業をとる例も多い。

　また、どちらの許可をとるにも、店に食品衛生責任者をおく必要があるが、こちらは保健所で一日講習を受ければ資格がとれる。

　なお、イベントでジュースをコップで売る場合にも「露店営業」の許可がいる。ただし、その日だけの営業なら「届け出」だけですむ場合もあるようなので、保健所に確認をとることが必要だ。

殺菌はどうする?

　ジュースを容器に詰めて売る場合、ビンでもビニールパックでも、加熱殺菌はしなければならない。そうしないとジュース中の微生物が繁殖し、容器がはじける。微生物の繁殖にはジュースのpHが影響するので、ジュースの殺菌方法を定めた製造基準では図2のようになっている。

　一〇九ページの多田さんも、この基準にもとづき、pH六くらいのニンジン果汁を加熱殺菌し、要冷蔵または冷凍で売る。ただし、pHが高いほどジュースの中の微生物が悪さをするので、賞味期限は短めに設定したほうがよさそうだ。

　いっぽう、小池手造り農産加工所の小池芳子さんは、「ジュースのpHは四・二以下にすることが基本」だと考えている。pHの高いジュースは、殺菌はできても、買った人の管理によって容器がはじけたりジュースが変敗したりすることがあるとのこと。

「pHについては、リンゴジュースがだいたいpH四くらいであることを基準にしてもよいが、pHメーターで調べるのが一番確実だ。pHが高ければクエン酸を添加するなどして下げ、品質の安定をはからなければならない」と『小池芳子の手づくり食品加工コツのコツ1』で述べている。

現代農業二〇一二年五月号

本書は『別冊 現代農業』2017年７月号を単行本化したものです。

著者所属は、原則として執筆いただいた当時のままといたしました。

農家が教える
ドリンク・ジュース・スムージー

2018年2月28日　第1刷発行

農文協　編

発行所　一般社団法人　農山漁村文化協会
郵便番号 107-8668 東京都港区赤坂7丁目6-1
電話 03(3585)1141(営業)　03(3585)1147(編集)
FAX 03(3585)3668　振替 00120-3-144478
URL http://www.ruralnet.or.jp/

ISBN978-4-540-17198-7　DTP製作／農文協プロダクション
〈検印廃止〉　印刷・製本／凸版印刷㈱
ⓒ農山漁村文化協会 2018
Printed in Japan　定価はカバーに表示
乱丁・落丁本はお取りかえいたします。